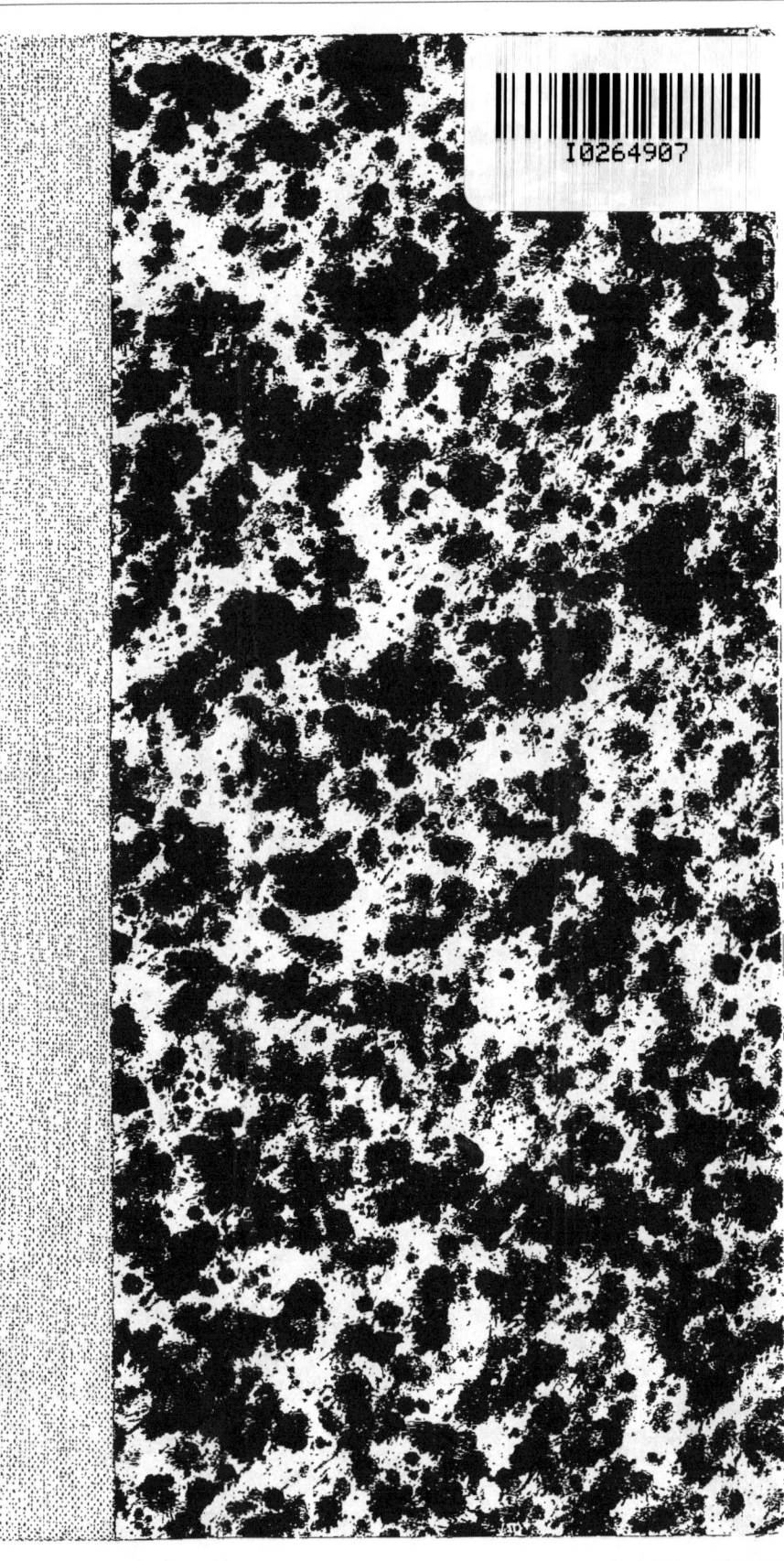

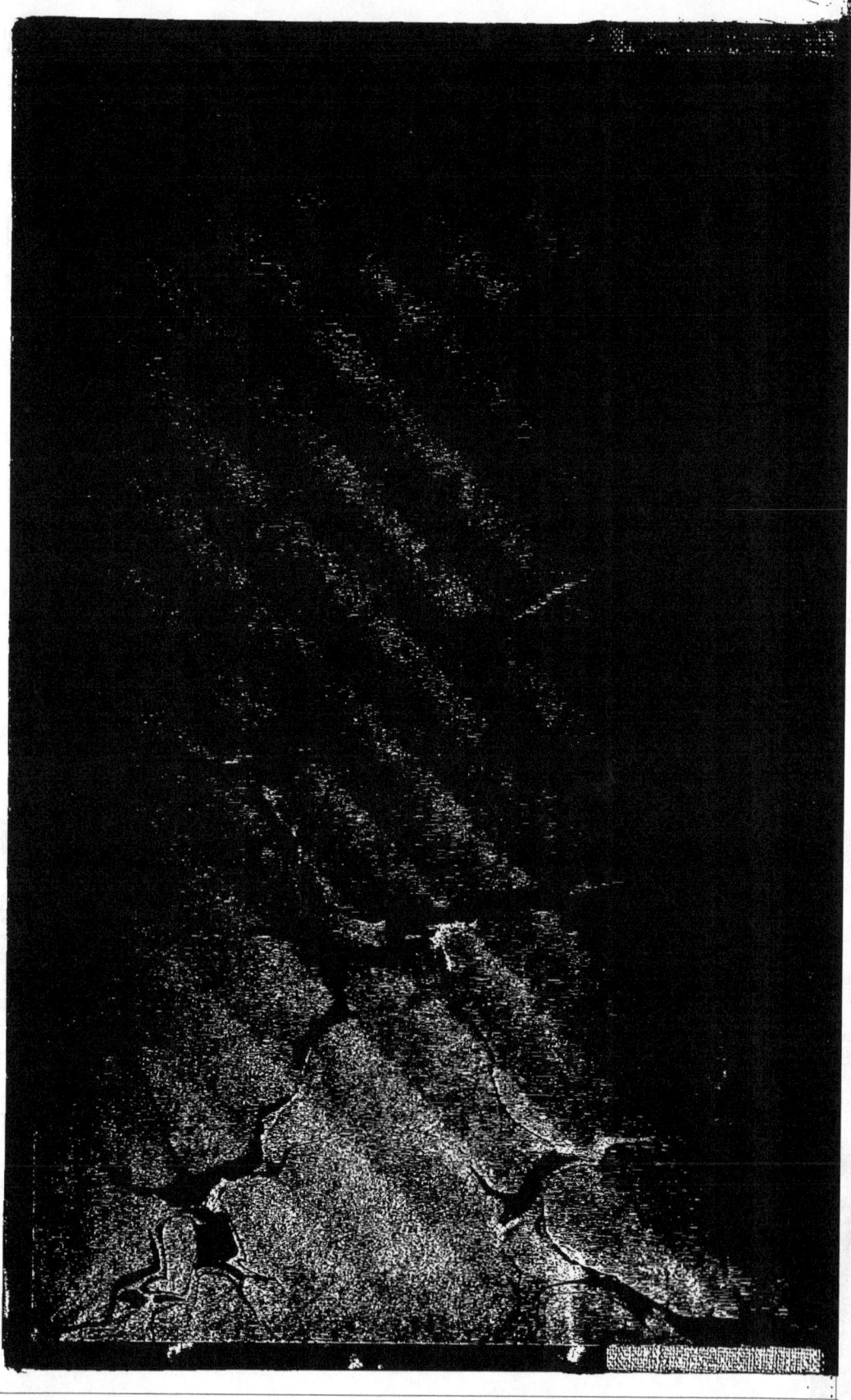

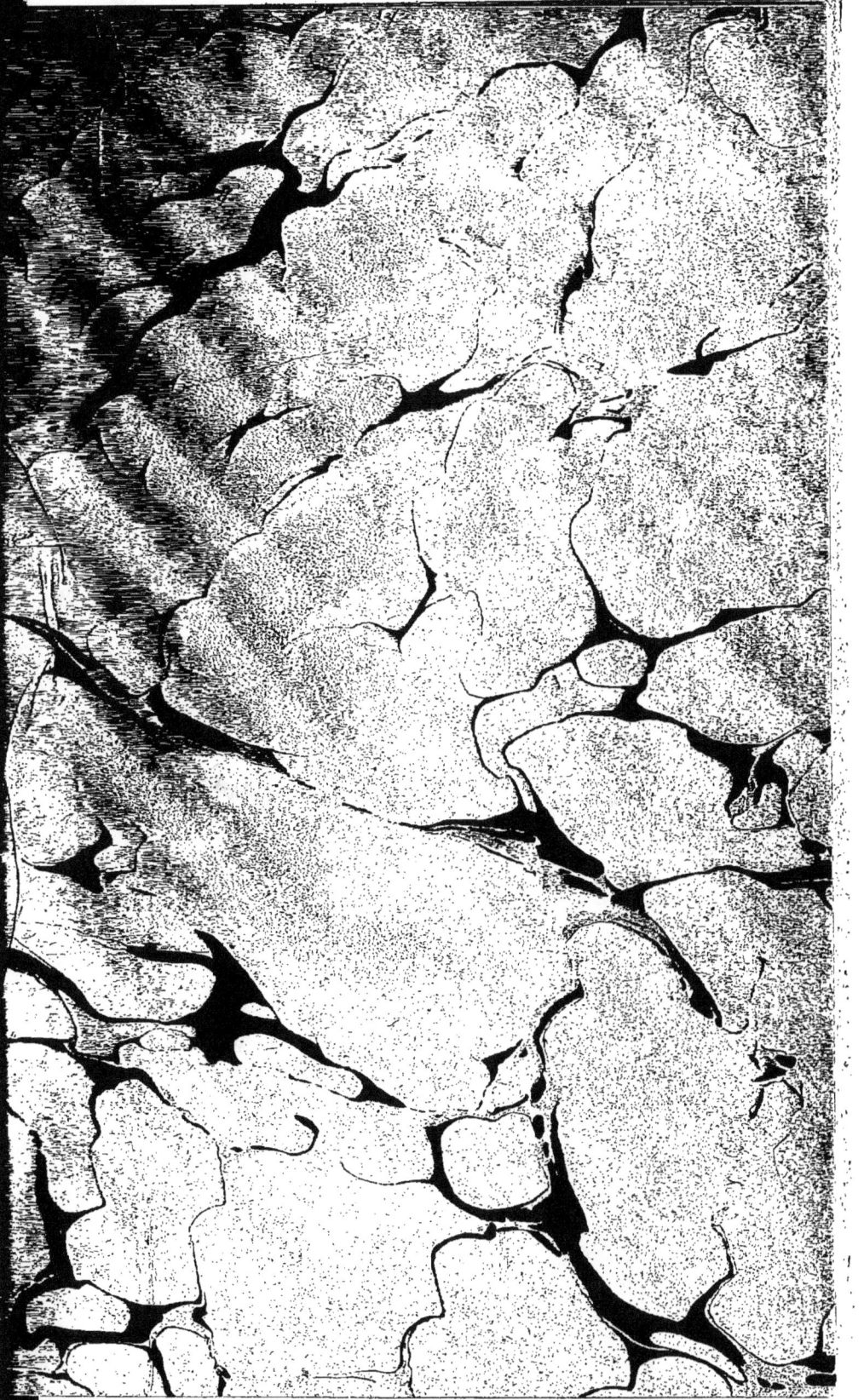

ŒUVRES
DE
PAUL FÉVAL
SOIGNEUSEMENT REVUES ET CORRIGÉES

ROLLAN PIED-DE-FER

CINQUIÈME ÉDITION

PARIS
SOCIÉTÉ GÉNÉRALE DE LIBRAIRIE CATHOLIQUE
VICTOR PALMÉ, DIRECTEUR GÉNÉRAL
76, RUE DES SAINTS-PÈRES, 76

BRUXELLES	GENÈVE
J. ALBANEL	HENRI TREMBLEY
DIRECTEUR DE LA SUCCURSALE	DIRECTEUR DE LA SUCCURSALE
12, rue des Paroissiens, 12	4, rue Corraterie, 4

ROLLAN PIED-DE-FER

PARIS. — IMPRIMERIE CH. NOBLET
13, RUE CUJAS. — 1883

ŒUVRES
DE
PAUL FÉVAL
SOIGNEUSEMENT REVUES ET CORRIGÉES

ROLLAN PIED-DE-FER

SOCIÉTÉ GÉNÉRALE DE LIBRAIRIE CATHOLIQUE

BRUXELLES	GENÈVE
J. ALBANEL	HENRI TREMBLEY
DIRECTEUR DE LA SUCCURSALE	DIRECTEUR DE LA SUCCURSALE
12, rue des Paroissiens, 12	4, rue Corraterie, 4

VICTOR PALMÉ, DIRECTEUR GÉNÉRAL
76, rue des Saints-Pères, 76
1883

ENVOI

A NOTRE AMI BIEN CHER ET RESPECTÉ

L'abbé P.-E. FAUVAGE,

CURÉ DE SAINT-PIERRE DU GROS-CAILLOU

Ce n'est pas moi seulement qui vous dédie ce petit livre, bien cher ami de ceux que j'aime, c'est tout le monde à la maison, femme et enfants, et tout le monde aussi dans cette autre maison de notre Bretagne où ma sœur et mon frère vivent loin de moi. Là comme ici, c'est fête quand on vous voit. Souvenez-vous des heures trop courtes mais si bonnes que nous passions chaque année chez Louis, en ce charmant pays de *Châteaupauvre*, au temps où j'étais un peu plus riche et beaucoup moins heureux qu'aujourd'hui.

Il s'agit dans cette histoire d'un autre pays breton qui vous est encore plus familier. Vous n'y reconnaîtrez point les noms des nobles familles dont vous êtes l'hôte d'un jour vers l'automne, et je me suis permis de placer sous les murs du castel où Bertrand Duguesclin fit, dit-on, sa première veille d'armes, le fameux ravin qui défend, en réalité le château de B... dans la campagne de Dol. Là aussi est l'étang dont la source se cache, et la légende du « Saut de Vertus » y berça mes veillées de vacances, en mes bons jours d'écolier.

J'ai parcouru dans tous les sens et vous aussi,

« La terre de granit, recouverte de chênes, »

Je crois en connaître assez bien les traditions qui ne s'inquiètent pas beaucoup de l'histoire écrite, mais qui sont si rarement en désaccord avec elle. J'ai retrouvé la légende du *Messager de Bretagne* en divers lieux, surtout de l'autre côté de Rennes, dans cette forêt si bretonne où j'ai placé toute la série de mes récits dont les *Loups* sont les héros, entre autres. *Le Loup blanc, la Louve et Valentine de Rohan.* Je n'ai pas voulu faire ici autre chose qu'un roman, mais il est certain que, vers le milieu du XVIIe siècle il y eut un prétendant au trône ducal de Bretagne dont le souvenir vit encore dans le département d'Ille-et-Vilaine. Il était reconnu par plusieurs comme aîné de la « vieille race. » Il disparut ; on accusa les gens du roi de sa mort, — et IL RESSUSCITA. C'est l'histoire de Rollan Pied-de-fer.

A l'heure où je vous écris cette lettre, vous prenez vos courtes fêtes de septembre sous les ombrages même où Rollan Pied-de-fer accomplissait ses prodiges de vélocité, et si seulement vous aviez le courage de faire une demi-douzaine de lieues de pays, vous pourriez visiter un autre de mes domaines légendaires. Je ne possède malheureusement au soleil que des immeubles de cette sorte. Il s'agit de la colline désolée et d'aspect très-frappant où était jadis le fier château de Tréorrec-Pendor, lieu de scène de *Treize à table*. Voici longtemps que vous m'avez demandé cette chanson de terroir, si originale dans le texte breton avec ses strophes de trois rimes, qui se tressent en nattes alternées. Peut-être ne l'ai-je su ni bien traduire ni bien arranger, mais enfin, telle quelle, je l'ai lue un soir de dimanche à vos chers ouvriers de Saint François Xavier. Elle est donc à vous et je vous l'adresse, au risque d'allonger démesurément cet envoi.

Elle me fut racontée pour la première fois en votre cher pays de la Chapelle-Chaussée, non loin du bourg de Bécherel et justement dans un coin du paysage si pittoresque où je place le duel de Rollan Pied-de-Fer et de Corentin Bras. Il y a bien des années de cela ; j'étais jeune et j'allais à travers notre Bretagne, faisant si ample provision de légendes que, même en les semant à pleines mains, le long de ma route littéraire, je ne les ai pas encore toutes dépensées.

C'était le soir et la pluie m'avait pris au milieu de la lande, loin de tout abri. Les environs m'étaient à peu près inconnus. Quand la nuit tomba tout à fait, je ne savais vraiment plus où chercher ma route. J'avais perdu le clocher de Bécherel dans le noir, et il me semblait que la lande s'élargissait autour de moi de tous côtés sans miséricorde. C'était un désert d'une demi lieue carrée à peine, mais où l'on pouvait errer une bonne partie de la nuit à cause de la mauvaise habitude, commune à toutes les sentes battues dans les bruyères par les moutons et les pâtours, qui ne savent jamais où elles vont.

Ces petites routes sont innombrables sur les plateaux incultes de l'ancien évêché de Saint-Malo : elles vont, elles viennent, elles se mêlent et s'entrelacent comme le caprice d'une arabesque et quiconque veut en suivre une, risque de repasser dix fois au même endroit sans jamais débrouiller l'écheveau.

Pour aller droit, il faut prendre une *marque* au loin, comme sur la mer.

Au moment où je faisais le bilan de ma situation, non sans mélancolie, car j'étais trempé jusqu'aux os et j'avais un sincère appétit, j'entendis trotter derrière moi et je me retournai pour voir quel animal venait. Impossible de rien distinguer. Cela cheminait assez vite, mais lourdement et cela *flaquait* bruyamment dans les mares : Les vaches font ce bruit en marchant sur les routes mouillées.

— Hélà ! Pelo, vieux fils, dit une voix enrouée et plaintive dans la nuit. Vilain temps de temps tout de même, pas vrai ? M. l'adjoint demandait de l'iau pour ses patates qui sèchent. N'en manque pas, de ce coup ci, vraiment non !

— Qui va là ? demandai-je d'un ton très-conciliant, car je savais que nos bonnes gens de là-bas sont faciles à effaroucher quand on n'y voit goutte.

On s'arrêta subitement de trotter, mais on ne me répondit point. Seulement, j'entendis la voix un peu changée et tremblante qui disait tout bas :

— Quoi qu'il a dit, vieux fils Pelo ? *hibala* ? queu langage que c'est : *hibala* ? Connais point ; moi, j'ai méfiance que c'est un voleux. Venons nous-en, Pelo, veux-tu ?

Je suppose que le vieux fils Pelo (Pierre) fut d'avis de se replier, car j'entendis les pas s'éloigner au galop, accompagnés par ce son de castagnettes, que produisent les sabots, quand on se les suspend au cou, en place de les porter aux pieds.

— Dites-moi ma route, criai-je, avec un vrai

désespoir. Je ne suis pas un voleur, je veux aller chez M. l'adjoint, justement, et il y aura deux sous pour vous, mon garçon.

L'effet fut subit et grand :

— Ouïs-tu, Pelo ? reprit la voix qui chevrotait maintenant à force de rire : Il nous prend pour un gars à nous deux ! As-tu entendu ! m'est avis qu'il a dit comme ça : deux sous, et n'est point des voleux, sûrement puisqu'il va aussi lui chez Francin le Hagre... ousque vous êtes, vous, l'homme ?

Et les pas de flaquer dans les mares de la lande.

Un drôle de compagnon c'était, ce Pelo, il ne répondait pas du tout. Pendant que je m'écarquillais les yeux à chercher le Pelo muet par derrière, ainsi que son camarade bavard, quelqu'un tomba en côté sur moi et faillit me culbuter. C'était une fillette de treize à quatorze ans qui portait un marmot en paquet sur son dos. Assurément, je n'aurais pu voir tout cela car la pluie faisait « brouillasse » comme on dit là-bas et c'est à peine si je distinguais le bout de mon nez, mais le paquet (qui était Pelo, le vieux fils) fut réveillé par le choc et se mit à piailler d'importance.

— Vous ne pouviez donc pas me dire : me v'là là ! s'écria la petite fille en colère, vous êtes de ville, sûr et certain, pour ne point savoir à vous conduire. Moi je suis Thurine de chez la Lion, et Pelo est mon petit frère de six mois, la méchante gale, qui va faire une vie d'enragé jusque chez nous, à cause que vous l'avez réveillé dormant. Poussez à donner les deux sous, si vous voulez, hors le cas où vous n'auriez point d'honnêteté ni d'argent.

J'avais de l'honnêteté, sinon beaucoup d'argent. Je payai loyalement, et Thurine partit aussitôt en disant avec triomphe :

— Vous n'avez qu'à *vieindre* quant et moi. Héla ! Pelo, vieux fils, ce n'était point des voleux, je te l'avais dit disant tout de suite !

Elle flaquait avec tant de vigueur que j'avais peine à la suivre, et elle parlait sans décesser en flaquant :

— Je n'en ai jamais vu des voleux, à les voir voyant, par mes yeux, disait-elle, et quoi qu'ils trouveraient à gratter sur la lande ? à moins que ce serait mes deux sous que j'ai à moi par à présent dans ma pochette, ne faut point le crier trop haut... C'est donc qu'on n'avait plus de chandelle chez la Lion, brin du tout, rapport à ce que le dernier bout avait brûlé-fini, et qu'on m'a dit : Va comme ça chez M. l'adjoint (qu'est Francin le Hagre) voir à en avoir une d'un sou, par crédit entre voisins qui voisinent, ça se fait... et les le Hagre ne sont pas encore couchés, qu'il paraît, car v'là leur fouée qui flamme.

En effet à cinquante pas de moi je voyais, par le petit carré d'une croisée étroite et basse un feu d'ajoncs flamber sous une chaudronnée. Je me trouvais tout près du bourg sans m'en douter.

Thurine entra la première et ne s'occupa plus de moi. J'étais encore sur la lande que je l'entendais raconter l'histoire d'un quelqu'un de ville qui n'avait point d'esprit dans sa raison, car il l'avait prise, elle Thurine, pour toute une bande de voleux et ne savait point marcher tout seul par les routes : en foi de quoi elle invoquait le témoignage du vieux fils Pelo qui criait comme un aigle. Au moment où j'entrais, elle s'en allait avec sa chandelle conquise.

— Tiens, lui dis-je dans l'ardeur de ma reconnaissance, car du premier coup d'œil, je jugeais le logis honnête et bon, voilà encore deux sous !

Elle prit sa course sans me remercier, mais elle dit au vieux fils Pelo, pâmé sur son dos à force de hurler :

— Hélà, ma fille, quand je te disais ! Il est de ville et innocent par toute manière. Quat'sous ! ne cause point de ça à en bavarder au monde. Je n'ai point jamais vu de voleux, mais quat' sous ! Ça serait de quoi les attirer, pour certain, et v'là que j'ai peur d'en accoster plein la lande !

Quelle que fut l'opinion de Thurine et même celle du vieux Pelo au sujet de ma faiblesse d'esprit, je ne regrettai pas mes sous, car l'instant d'après je séchais mes vêtements trempés au foyer de Francin le Hagre qui est devenu mon ami, à dater de cette nuit-là. C'était une maison comme il y en a quelques-unes en Bretagne, mais non point beaucoup, malheureusement. Vous la connaissez, cher et bon curé, car vous passez devant sa haie de grands buis, chaque fois que vous montez au bourg. Elle est propre ; les enfants y sont heureux et savent tous lire. La ménagère leur apprend le catéchisme elle-même, chose rare.

Francin, lui, sait mieux que lire, c'est un chrétien solide et qui peut raisonner sa foi. Il a quelques bons vieux volumes rangés audessus de sa huche. La vieille mère qui gâte les petits lui reproche parfois d'être trop savant.

Grâce à Thurine et pour mes quatre sous, j'eus l'amitié de ces dignes cœurs qui me donnèrent, dès ce premier soir, bon souper, bon gîte et encore une histoire : *Treize à table.*

Voici l'histoire que j'ai retrouvée partout dans le Morbihan, où ils la disent en vers bretons. J'ai eu le tort de la traduire en vers français. Tâchez, bon ami, qu'on me pardonne de publier des vers pour une fois. Je ne le ferai plus.

TREIZE A TABLE

Le père avait promis dès longtemps une histoire,
Qui ne venait jamais: une grande et bien noire!
Novembre a de longs soirs au village. Les yeux,
Se fermaient. Tout le monde était silencieux
Autour du feu mourant, chargé de cendres blanches;
Le vent seul bavardait au dehors dans les branches.

« Père, ta grande histoire, est-ce pour aujourd'hui? »
Le père était muet toujours. Auprès de lui,

Les petits se roulaient sur la terre mouillée,
Et l'heure se traînait, l'heure de la veillée...
Mais enfin le vieillard leva la tête et dit:

— *Je vais vous raconter l'histoire du maudit.*

I

Il était une fois, au pays de Bretagne,
Tout en haut — tout en haut d'une haute montagne,
Il était un château qui s'appelait Pendor.

Son seigneur était comte et de lignage antique,
Car l'écusson de pierre au-dessus du portique,
Portait d'azur, au lion d'argent couronné d'or.

Le comte était puissant: quand son beffroi d'alarmes
Tintait aux alentours ses sonores appels,
La grand'cour du manoir s'encombrait d'hommes d'armes.

Il était bon seigneur: entre tous les castels,
On renommait Pendor, où le vassal en larmes
Jamais n'interrompait le chant des ménestrels.

Il était tout cela — mais sa tête rebelle
Ne savait pas fléchir au seuil de la chapelle:
Son front restait couvert, même dans le saint lieu!

Et souvent il buvait, blasphème pitoyable,
Une rasade ou deux à la santé du diable...
Bien proche est le malheur pour qui ne craint pas Dieu.

II

Or, il advint qu'un jour, du sol jusques au faîte,
Sous la main des vassaux tout exprès appelés,
Le castel se vêtit de ses habits de fête.

Partout, l'argent et l'or aux guirlandes mêlés,
(Le comte avait voulu l'ordonnance parfaite),
Et partout la splendeur des cristaux ciselés.

La table des festins, à la nappe ouvragée,
Sous un monceau de mets fléchissait surchargée ;
Douze siéges dorés se rangeaient à l'entour.

Toute prête à verser sa liqueur délectable,
Une tonne d'argent, au milieu de la table,
Sur un trépied géant trônait comme une tour.

C'est dimanche: Pendor n'allait guère à la messe;
Le cor qui sonne au loin ses appels éclatants,
Annonce le retour de la chasse. On abaisse

Le pont-levis; la porte ouvre ses deux battants
Et douze cavaliers, sur la pelouse épaisse
Arrêtent dans la cour leurs chevaux haletants.

Le comte de Pendor leur ouvrit la grand'salle
Et dit: « Mes compagnons, damoiselle ou vassale,
La femme croit en Dieu: chez moi je n'en veux pas! »

Et comme tous de l'œil interrogeaient leur hôte:
« Entre hommes nous allons fêter la Pentecôte! »
Dit-il. Et tous de rire! Ah! de rire aux éclats!

III

Le festin commença. Point n'est besoin de dire
Qu'on oublia d'abord le Benedicite :
On riait, on buvait, — tant qu'on peut boire et rire.

Et déjà s'emparant du convive exalté,
Le vin dans chaque tête allumait le délire,
Mais aucun toast encor n'avait été porté.

Pendor, le front marbré de pourpre et de livide,
Un instant regarda la tonne à moitié vide,
Puis, versant des rubis plein sa coupe de fer,

Il dit: « *Depuis le temps que nous sommes à table,*
« *Nous avons négligé notre seigneur le diable ;*
« *Je porte la santé du maître de l'enfer !* »

« — *Le maître de l'enfer vous rend grâces, messire !* »
(*Un treizième convive avait surgi soudain...*)
« *Salut !* » *dit-il avec un étrange sourire.*

C'était un chevalier. Son armure d'airain
Avait de ces reflets qu'on ne sait pas décrire.
La coupe, à son aspect, trembla dans chaque main.

Tous mesuraient de l'œil sa taille colossale ;
Sa voix faisait vibrer les vitraux de la salle ;
Le comte de Pendor lui-même avait pâli.

IV

« Eh bien ! mes bons seigneurs, dit l'inconnu, ma vue
« A-t-elle empoisonné la coupe à demi-buc?
« Voici mon verre, allons! J'entends qu'il soit rempli! »

Le comte: « Votre nom, d'abord! » L'autre: « Mon maître,
« Il sera toujours temps pour toi de le connaître.
« En attendant, j'ai soif, et je bois... qu'en dis-tu? »

A ces mots, l'étranger, d'un geste formidable
Atteignit sans efforts, au travers de la table,
La tonne, et l'enleva comme un mince fétu!

Un frisson de terreur parcourut l'assemblée.
Plus d'un convive eût fait le signe de la croix,
Sans la mauvaise honte à la stupeur mêlée.

Le comte de Pendor se leva par trois fois,
Mais il eut beau chercher dans sa tête troublée,
Un ordre pour bannir son hôte discourtois.

Il s'assit. Le géant but et se mit à dire :
« Où prends-tu, mon seigneur, ce petit vin pour rire ?
« Voici ta tonne vide et je veux boire encor ! »

V

Et tandis qu'il parlait, derrière sa visière,
Son regard flamboyait d'une rouge lumière :
Sa voix déchirait l'air comme le cri du cor.

Le soleil, cependant, avait voilé sa face ;
Le jour s'était fait nuit. Sous sa lourde cuirasse,
Un rire ballottait le poitrail du géant.

Il dit: « *Ton vin est fade et froid comme la bière,*
« *Comte, il faut nous verser une liqueur plus fière.*
« *Vide un fût d'alcool dans ce tonneau béant.* »

Et l'esprit ruissela dans les flancs de la tonne
Et l'inconnu disait: « *A boire encor! toujours!*
« *Qu'importe que sur nous Dieu menace ou qu'il tonne?*

« *Du vin, du feu... du sang! Moi, je passe mes jours*
« *Entiers à bafouer le devoir monotone...*
« *On ne boit pas là-haut, fi des divins séjours!*

« *Le vin, le feu, le sang! tous trois chauds, tous trois rouges!*
« *L'ivresse des palais et l'ivresse des bouges!*
« *Après le vin, la flamme! après le feu, le sang!*

« *Le vin chauffe le cœur et l'élève au blasphème.*
« *Le feu, ce grand vainqueur dompte l'acier lui-même:*
« *Le vin nous fait hardi, le feu nous fait puissant...*

« Mais le sang! Quintième essence des essences!
« Et philtre merveilleux! tout homme qui le boit
« De l'enfer et du ciel réunit les puissances.

« Quiconque a bu le sang peut remuer du doigt
« Le monde! Il sait par cœur les mystiques sciences.
« Il voit tout et sa main saisit tout ce qu'il voit!

« Gravissons les degrés de cette trilogie!
« L'esprit comme le vin va manquer à l'orgie ;
« Nous avons bu le feu... qui veut boire le sang! »

VI

Ce disant l'inconnu de sa dague affilée
Perça de son bras gauche une veine gonflée,
D'où la pourpre jaillit fumant et bondissant

— Eh bien ! soit! dit Pendor en imitant son hôte.
— Soit! soit! ont répété les convives en chœur,
Et le sang de couler, car pas un ne fit faute

La tonne se remplit de l'atroce liqueur ;
Tous plongèrent la coupe ; et puis, d'une voix haute,
L'étranger avec un sourire moqueur :

— Une dernière fois à la santé du diable !
— A la santé du diable ! ont dit les insensés.
Et leur lèvre a touché le breuvage damnable...

VII

Un grand fracas se fit. Sur le sol dispersés,
Les convives, parmi les éclats de la table,
Roulèrent à la fois sur les pots écrasés.

Le géant resta seul debout. Sa tête altière,
Apparut tout à coup sans casque ni visière,
« Relevez-vous » dit-il. Et chacun se leva.

Ah! chacun se leva la menace à la bouche,
Mais devant le regard de SATAN, *fauve et louche,*
La menace ébauchée aucun ne l'acheva!

« Vous êtes dit-il, douze, et moi: treize! Ma reine
« Vient de marquer vos fronts au signe de la peine:
« Tous, vous appartenez à Satan, votre roi!

« A jamais! à jamais! damnés, sous ma prunelle,
« Vos âmes vont brûler à la flamme éternelle.
« Je regagne l'enfer. Marchez derrière moi! »

A ces mots qui semblaient des échos de tonnerre,
Satan leva le doigt. Convives et château,
Soudain, tout à la fois disparut de la terre.

VIII

La nuit on voit encor parfois, sur le côteau,
Monter des profondeurs d'un gouffre délétère,
Douze ombres de guerriers, vêtus d'un noir manteau.

Ainsi finit Pendor, le manoir de Bretagne :
Son souvenir maudit reste sur la montagne ;
On fait un long détour pour éviter ce lieu.

Son seigneur était comte et de lignage antique...
Je vous souhaite, enfants, un autre viatique :
Rien n'est fort que la foi ; nul n'est grand, sinon Dieu.

———

Quand le vieux eut fini de parler, la fermière

Coucha l'aïeule et vint réciter la prière;
Les petits avaient peur. Là-bas dans le courtil,
Le vent grondait bien fort. La mère dit: « O Père!
« Vous êtes dans les cieux. J'aime, je crois, j'espère.
« Donnez-nous notre pain; éloignez le péril;
« Que votre volonté soit faite sur la terre,
« Comme aux cieux, jusqu'au jour du suprême mystère.
« Seigneur délivrez-nous du mal. Ainsi soit-il. »

Les petits rassurés allèrent à leur couche
Et chacun s'endormit le sourire à la bouche.

ROLLAN PIED-DE-FER

I

CROIX OU PILE

A l'extrémité occidentale du territoire de la Chapelle-Chaussée, entre Hédé et Bécherel, deux gros bourgs de la haute Bretagne, s'élève, au sommet d'une colline bizarrement accidentée, le château de Goëllo. Ce fut autrefois une fière et forte citadelle. Au temps des luttes féodales, Goëllo résista souvent et longtemps aux cadets du Riche-Duc, qui régnaient à Dinan, tout en soutenant l'éternelle lutte du voisinage contre les seigneurs de Combourg, de Tinténiac de Miniac et de Plesguen. A différentes reprises, il repoussa les assauts de l'étranger et subit un siége en règle quand cette femme que l'histoire appelle un héroïne, la « grande comtesse » livra son malheureux pays aux Anglais dans la guerre de succession entre Jean de Montfort et le saint Charles de Blois qui tenait pour la France.

Ce fut, à ce qu'on dit dans la chapelle de Goëllo, encore existante de nos jours, que Bertrand du Guesclin pria toute une nuit, baisant la terre en se frappant la poitrine, la veille de cette grande matinée où il fut armé chevalier.

Nos chevaliers de l'industrie politique n'y font plus en vérité tant de façons.

Aujourd'hui, le château de Goëllo s'est fait

vieux depuis longtemps ; il s'affaisse : ses murailles sont bien encore debout, noires et grenues comme la cotte d'un homme d'armes, mais la mousse et le lierre comblent les embrâsures des créneaux. Ses quatre énormes tours dominent lugubrement les remparts ; l'une d'elles, chancelante et inclinée, porte à sa base les traces de la sape.

N'était cette noble balafre, l'antique manoir aurait conservé peu de chose de son aspect guerrier ; l'édifice intérieur est neuf et de style moderne : c'est un immense corps de logis sans ailes, production de la pesante et disgracieuse architecture des premières années de notre siècle.

A voir cette grande maison grise, qui semble une grossière copie des hôtels de la rue de Rivoli, entourée de sa glorieuse enceinte, on pense involontairement à la figure que ferait un de nos seigneurs de la Bourse sous l'armure d'un paladin.

Jusqu'à la révolution de 1789, Goëllo resta une des plus fortes châtellenies de Bretagne. L'étang de Vertus formait le centre des domaines, régis par la haute justice du château. Il est ménagé au bas de la colline, dans la direction de Hédé, et sa superficie a été notablement réduite par manque d'entretien. Il fait partie des biens communaux, ainsi que les pâtis mouillés qui l'entourent.

Cet étang offre une particularité assez remarquable : il est alimenté par un cours d'eau souterrain ; on sait vaguement dans le pays que l'orifice du canal est quelque part sur la rive qui côtoie la montagne, mais l'étang est encore vaste et couverts de glaïeuls, tout le long de ses bords ; nul ne connaît le point précis où débouche le mystérieux courant.

Le château lui-même est entouré de trois côtés par de larges douves creusées de main d'homme ; le quatrième côté seul se trouve naturellement défendu par un précipice sans fond de trente à quarante pieds de largeur. Sur cet abîme s'abaissait le pont-levis, remplacé aujourd'hui par une arche à demeure.

Il est à croire que c'est l'existence même de cette crevasse qui détermina l'érection de Goëllo en ce lieu. Ce trou règne en effet sur toute la longueur de la muraille ou rempart et s'arrête brusquement au bas des deux tours angulaires.

La crevasse est rocheuse, tranchée à pic, et ses lèvres ne produisent rien aux abords du niveau de terrain où le rempart est bâti. A quinze ou vingt pieds au-dessous du bord seulement commencent à croître les broussailles qui s'enchevêtrent au point d'arrêter complètement la vue, mais le fond est loin encore, car une pierre lancée des murailles roule et rebondit entre les deux parois de la fissure pendant un temps considérable.

La nuit, lorsque le temps est calme, et que nul bruit ne vient distraire l'oreille, on entend un vague et lointain retentissement ; sans doute quelque torrent qui erre dans les profondeurs du précipice.

On appelle ce fossé le Saut de Vertus ; il porte comme l'étang ce nom qui appartenait aux sires d'Avaugour, branche de la maison ducale de Bretagne, anciens maîtres de Goëllo. Il est célèbre à dix lieues à la ronde, et fournit le sujet de maintes légendes superstitieuses : la plus populaire remonte à une époque fort reculée, et dit en propres termes que *tout vilain qui fait le saut reste mort ou revient gentilhomme.*

En Bretagne comme ailleurs, les oracles sont gascons de nature ; notre oracle courait peu de chance de mentir en posant cette alternative, et personne n'avait tentation d'aller quérir la noblesse au fond de ce noir abîme.

En 1648, le château de Goëllo, inhabité, restait confié à la garde d'un vieux concierge infirme. La maison de Vertus était sans héritiers mâles ; ses fiefs tombaient en quenouille dans la personne de Reine de Goëllo, fille du dernier comte de Vertus. Reine était mineure ; le commandeur de Kermel, cadet de Penneloz, avait pris sa tutelle après la mort de son aîné qui l'avait légalement tenue. Gauthier de Penloz, devenu par ce décès chef de nom et d'armes, s'était saisi de la tutelle de Reine, comme d'une *chose* afférente à la succession. Unique représentant désormais d'une famille puissante, qui se prétendait branche de Porhoët-Bretagne, et gouvernant, de fait, les domaines de la plus riche héritière de la province, il choisit Rennes pour siége ordinaire de sa résidence, et y tint grand état. Il ne menait point le train sévère d'un religieux ; du vivant même de son aîné, il avait eu des différends graves avec ses supérieurs conventuels, le grand maître de Malte et le prieur de la langue de France. Dès cette époque on lui prêtait le désir de quitter l'habit et de rentrer dans le siècle.

A Rennes, M. le lieutenant du roi suspectait sa loyauté, et le surveillait de près. Il s'occupait disait-on de menées séditieuses. Le château de Goëllo n'était visité par lui qu'à de longs intervalles, mais sitôt qu'il y venait, une foule de convives arrivaient de tous côtés. Baër, le vieux concierge, qui était un observateur, prétendait que le bon vin et l'excellent gibier de son nouveau maître n'attiraient pas seuls cette nombreuse compagnie. Baër, avait l'oreille paresseuse quand il s'agissait d'entendre un ordre ; pour écouter aux portes, il recouvrait une puissance d'ouïe, dont nos concierges parisiens semblent avoir directement hérité. En furetant le soir dans les innombrables corridors, sous prétexte de faire sa ronde, il avait entendu d'étranges choses, et il priait Dieu dévotement de protéger sa jeune maîtresse, Reine, dernier reste du sang de Goëllo, dans la voie périlleuse où s'engageait, tête baissée, M. le commandeur de Kermel, qui avait pouvoir sur elle, par malheur.

La dernière fois que s'était éclairée la grande salle du château de Goëllo, on y avait tenu une importante et mystérieuse assemblée, présidée par Julien, chevalier d'Avaugour, selon sa prétention, héritier direct des anciens ducs souverains de Bretagne. Le lendemain de l'assemblée, tous les membres s'en dispersèrent ; quelques jours après, Gauthier de Penneloz lui-même reprit la route de Rennes avec sa pupille.

Depuis lors, le vieux Baër seul avait franchi le pont-levis du saut de Vertus.

Vers la fin de mars de cette même année 1648, par une froide et nébuleuse soirée, deux hommes gravissaient la colline vis-à-vis de la maîtresse porte du château. La lune, qui se montrait par éclaircies entre les petits nuages opaques et floconneux parsemant toute l'étendue du ciel, permettait de distinguer leurs costumes : c'étaient deux paysans de la haute Bretagne, portant la veste de tiretaine, semblable à un paletot échancré, la culotte courte de velours et les bas de laine à languettes. Tous deux étaient munis de minces bâtons de houx, terminés par un nœud arrondi : arme terrible dans la main de ces hommes exercés à son maniement depuis l'enfance.

Là s'arrêtait entre eux l'uniformité. L'un, grand jeune homme aux formes athlétiques, gravissait lourdement la montée : à le voir dominer son compagnon de toute la tête, on eût dit qu'il allait le dépasser à chaque enjambée. Il n'en était rien pourtant. Le pas du plus petit était vif, souple et gracieux ; c'était un homme de trente ans à peu près ; sa taille, qu'écrasait la gigantesque stature de son camarade, était en réalité riche et merveilleusement proportionnée ; sa figure pâle, et d'un modèle plus délicat que n'en offre d'ordinaire le type campagnard en Bretagne, s'encadrait de légères boucles brunes. Il portait pour coiffure une calotte collante ; une ceinture de cuir lui ceignait fortement les reins : tout, dans son costume étroit et dessinant scrupuleusement ses formes, semblait calculé pour offrir à l'air le moins de résistance possible.

Celui-là était le courrier d'Avaugour, Rollan, surnommé Pied-de-Fer, à cause de l'infatigable vélocité de sa marche. Sa réputation étai grande dans cette partie de la province ; on l'at vait vu partir pour Paris chargé d'un message, et revenir quinze jours après avec la réponse au château d'Avaugour. Dans un temps où les communications étaient encore d'une difficulté extrême, on doit penser qu'un tel coureur était chose hors de prix, Rollan était le frère de lait de Julien d'Avaugour, son seigneur ; une certaine ressemblance physique, qui existait entre eux, et la préférence que témoignait autrefois au jeune paysan feu M. d'Avaugour, père de Julien, avaient fait penser dans le temps que Rollan tenait de près ou de loin à la noble famille. Nous ne saurions donner à ce sujet aucun renseignement certain.

Quoi qu'il en fût, Julien d'Avaugour traitait

en toutes occasions son frère de lait avec une condescendance voisine de l'amitié : quelques-uns même disaient qu'il existait entre eux des relations plus intimes que les mœurs du temps ne le comportaient de seigneur à vassal, surtout en ce pays de haute Bretagne où l'antique barrière posée entre paysans et gentilshommes n'était pas près d'être abaissée.

Julien d'Avaugour résidait habituellement à la cour de Paris, d'où il entretenait avec la noblesse des Etats de Bretagne diverses correspondances dont bien peu de gens auraient pu dire la nature. En apparence, Rollan n'était pas plus à son service, qu'à celui de tous les autres gentilshommes ; néanmoins il portait ses couleurs : par le fait, le chevalier n'avait point de créature plus dévouée.

Trois ans avant l'époque où commence notre récit, Rollan disparut tout à coup ; il y avait toujours eu dans sa vie quelque chose d'anormal et de mystérieux ; ceux qui ne le crurent point mort dirent que, à coup sûr, il était engagé dans quelque entreprise difficile et hardie.

Il resta deux ans absent.

Ce fut seulement lorsque Julien d'Avaugour revint en Bretagne, au commencement de 1647, qu'on recommença d'apercevoir par intervalles la figure de Rollan dans le pays. Chacun dut remarquer que ses allures avaient complètement changé ; il ne se mettait plus à la disposition du premier venu, et ses courses semblaient avoir un but de haute importance.

Nul ne disait jamais l'avoir rencontré le jour sur les grands chemins ; mais, la nuit, des paysans attardés le croisaient parfois sur la lande ou dans les sentiers, courant avec sa vitesse ordinaire. En ces occasions, on reconnaissait bien plutôt son pas bondissant et la rapidité de sa marche que sa figure ; Rollan ne s'arrêtait jamais dans les auberges et jamais ne parlait aux passants, il glissait toujours pressé, toujours muet ; on ignorait tout de lui, jusqu'à sa demeure.

Aussi les âmes superstitieuses, dont le nombre est toujours fort grand en Bretagne, n'étaient point éloignées de croire que Rollan était un être en dehors de la nature humaine : quelque chose comme le Juif-errant. Certains même prononçaient un nom plus redoutable.

Et pourtant, malgré cette obscurité qui enveloppait sa vie, on ne détestait point Rollan dans les campagnes, au contraire, on parlait de lui avec une sorte de respect affectueux. Le plus grand nombre ne connaissait de lui que son nom et cette forme silencieuse qui glissait dans l'ombre sur la poussière des chemins ; mais tous avaient un signe de croix pour lui souhaiter bon voyage : il était entre Rollan et la Bretagne un lien que le Breton sentait, bien qu'il ne pût le définir complètement. Rollan Pied-de-Fer allait pour la Bretagne.

Au milieu de cette existence nomade, il y avait un coin où Rollan revenait toujours. Dans le bourg de Hédé, à six lieues de Rennes, demeurait une jeune fille, nommée Anne Marker, elle vivait seule avec sa mère. C'étaient des personnes de grande piété. La veuve Marker passait pour une très-sainte femme et la fille était digne en tout de sa mère. A l'époque où Rollan reparut pour la première fois en Bretagne, les voisins de la veuve Marker virent avec étonnement un berceau de petit enfant dans sa cabane ; il y eut à ce sujet bien des suppositions, mais la vertueuse conduite d'Anne était si éclatante et si bien établie qu'on finit par accepter cet événement dans le village comme un acte probable de charité ; la jeune fille ne perdit même point son prétendu, Corentin Bras, ce jeune géant que nous avons vu monter la rampe du saut de Goëllo en compagnie de Rollan Pied-de-Fer. Corentin continua de la rechercher en mariage.

Toutes les semaines et parfois plus souvent, Rollan Pied-de-Fer, que ce fût ou non son chemin, passait par Hédé ; il restait enfermé dans la maison de dame Marker pendant quelques heures, puis il repartait, après avoir baisé l'enfant avec une sorte de respect.

Une fois, il arriva le front pâle et les habits en désordre ; c'était au milieu de la nuit. A la vue de l'enfant couché dans son berceau, ses yeux se remplirent de larmes. La veuve et sa fille le regardaient avec étonnement ; Rollan ne les voyait pas.

— Arthur, mon pauvre enfant chéri, murmura-t-il ; tu n'as plus de père !

Puis, saisissant tout à coup le berceau, il le soutint dans ses bras et leva son regard au ciel.

— Je t'en servirai, moi ! s'écria-t-il avec énergie.

Anne était belle autant que bonne ; Rollan n'avait point d'abord pris garde à cela, car son esprit semblait être absent toujours, mais Anne se prit pour l'enfant d'une affection de mère, et cela fit que le courrier s'attacha à elle. Ce fut une singulière tendresse que la sienne. Rollan restait parfois des heures entières entre l'enfant et la jeune fille ; son œil était baissé, sa bouche silencieuse : on eût dit qu'il combattait une autre pensée et que l'enfant qu'il appelait Arthur était véritablement son cœur.

Un jour pourtant il dit :

— Anne Marker, bonne âme, je vous choisis pour être sa mère.

Anne répondit :

— Corentin Bras m'a demandée en mariage, mais je ne lui ai rien promis.

Ce fut tout. La veuve qui avait la prudence des mères voulut au moins s'informer et savoir à quelle tâche mystérieuse Rollan avait donné sa vie. Serait-il toujours éloigné du toit de sa jeune femme ? Il répondit « Toujours. »

Le moment, au moins, ne viendrait-il jamais où il confierait son secret ? Il répondit : « Jamais. »

Anne qui écoutait pensive, s'agenouilla auprès du berceau du petit Arthur et pria, puis elle dit :

— Ma mère, cela me convient de la sorte, m'est avis que c'est la volonté du Seigneur Dieu.

Mais Corentin Bras, vigoureux gars, la tête

près du bonnet, n'avait point ratifié cet arrangement, et voilà pourquoi nous le trouvons ce soir, montant en compagnie de Rollan Pied-de-Fer, la route qui menait à cette douve sans fond connue sous le nom du saut de Vertus.

Nos deux compagnons atteignirent le haut de la colline. A mesure que la discussion se prolongeait entre eux, leurs gestes devenaient plus vifs, leurs paroles plus hostiles. Rollan avait jeté d'abord un triste regard sur le saut de Vertus ; le pont-levis, collé à la muraille, semblait lui rappeler un douloureux et terrible souvenir. Mais bientôt les paroles acerbes de Corentin le ramenèrent au sentiment du présent.

— Tu as raison, dit-il, je t'ai pris ce que tu crois être ton bien. Je n'ai pas le droit de te refuser le combat ; allons ! autant vaut ce lieu qu'un autre ! il faut en finir ici.

— A la bonne heure ! s'écria joyeusement Corentin en mettant bas sa veste.

La lune, voguant entre les nuages, comme une blanche nef entourée d'écueils, éclairait la scène ; pour un instant, les deux champions se voyaient aussi distinctement qu'en plein jour. Ils saisirent leurs bâtons par le petit bout ; les coups retentirent, drus, précipités, comme les fléaux sur le chaume dans l'aire au temps de la moisson.

Corentin était passé maître au maniement de cette arme du paysan breton : tantôt il assénait de terribles coups, laissant à son bâton sa longueur entière et tout son poids ; tantôt l'empoignant par le milieu, il commençait un moulinet imprévu, rapide, étourdissant, afin de faire sauter l'arme de son adversaire. Mais Rollan se montrait vif à la parade. Sans avoir la même habileté que Corentin, il se couvrait toujours avec un inaltérable, sang-froid, et plus d'une fois le géant recula d'un pas, en sentant le vent du bâton de Rollan à quelques lignes de son visage.

D'abord, chaque fois que la lune glissait sous un nuage, ils s'arrêtaient d'un commun accord ; mais ensuite, animés par l'ardeur du combat, ils frappèrent sans relâche : l'obscurité neutralisant l'adresse, les coups arrivaient à leur destination ; le gros bout du bâton rebondissait sur la chair. Et la lutte se prolongeait, silencieuse, acharnée ; on n'entendait que le retentissement du bois contre le bois, et l'haleine oppressée des deux combattants. Quand la lumière reparaissait, ils se parcouraient avidement du regard, cherchant la meilleure place pour frapper un coup décisif ; chacun cherchait aussi quelque blessure au corps demi-nu de son adversaire : rien. Tous deux restaient également intacts, et la lumière, leur rendant leur adresse, ne faisait que prolonger la bataille.

Au bout d'une demi-heure, Corentin jeta au loin son bâton et se coucha par terre; Rollan retint son bras levé. Tandis que le colosse, haletant, épuisé, se roulait sur le gazon humide, Rollan se contenta de passer sa main sur son front, où brillaient quelques gouttes de sueur.

— Le bâton ne vaut rien, dit-il en brisant le sien sur son genou. Luttons.

Il releva les manches de sa chemise de grosse toile; Corentin resta immobile.

— Luttons! répéta le courrier.

Le géant reprit haleine par une dernière et bruyante aspiration, puis il se releva.

— Auparavant, dit-il avec un sauvage orgueil, donne ton âme à Dieu, car l'homme capable de me résister corps à corps, je ne l'ai jamais rencontré !

Ils se jetèrent les bras en bandoulière autour des épaules et des reins. Dans ce combat nouveau, Corentin avait, à cause de sa stature, un avantage évident sur son adversaire, mais sans doute le courrier d'Avaugour possédait une énergie musculaire de beaucoup supérieure, car, malgré le poids écrasant que faisait peser le rustre sur ses reins, il demeura inébranlable. La lutte fut longue et inutile encore. Quand ils se lâchèrent, leurs épaules saignaient, leurs chemises tombaient en lambeaux.

— Le diable ne veut pas ! murmura Corentin en se laissant choir de nouveau. Ce sera partie remise.

Rollan remettait tranquillement sa veste. Pour un spectateur impartial de cette scène, il eût été manifeste que le courrier d'Avaugour, en accordant cette seconde trêve, faisait grâce à son adversaire ; il se mit en effet incontinent à parcourir le tertre de long en large et d'un pas ferme ; Corentin, lui, respirait à grand effort, incapable de se mouvoir.

— J'ai mon couteau, dit Rollan après un instant de silence.

Corentin se sentit frissonner.

— Que le démon t'échaude ! grommela-t-il.

Puis il ajouta tout haut d'une voix doucereuse :

— Mon frère, moi je n'ai pas le mien.

Ce disant, il faisait adroitement glisser le couteau, qui pendait au revers de sa veste, entre sa chemise et sa peau.

Rollan fit un geste d'impatience, et continua sa promenade. Le ciel s'était entièrement découvert, et la lumière de la lune descendait d'aplomb sur son visage. Corentin, qui le suivait de l'œil, remarquait avec un effroi superstitieux que son souffle était lent et calme ; ses traits reposés ne gardaient aucune trace de fatigue.

— Est-ce un homme de chair et d'os ? se demandait le rustre.

— C'est toi qui l'as dit, reprit Rollan qui se rapprocha tout à coup : il faut en finir !

— Bon frère, soupira Corentin, dont la voix se faisait de plus en plus humble, ne veux-tu point attendre à demain ?

— Je n'attends rien ; debout !

— Je suis trop las, mon excellent compère.

— Alors, s'écria Rollan, je suis vainqueur ; renonce à elle, car elle a son devoir.

Corentin se dressa d'un bond sur ses pieds ; puis il releva ses lambeaux de toile, de d'une victime résignée.

— Assassine-moi donc ! dit-il.

Il avait glissé sa main dans l'ouverture de sa chemise et attendait, épiant son adversaire d'un regard sournois. Si Rollan eût fait un pas, il était mort : Corentin serrait son couteau, et n'était point homme à faillir par scrupule de conscience.

Trop généreux pour frapper un ennemi qui s'avouait hors de combat, le courrier tourna le dos et s'assit à son tour sur le bord du saut de Vertus. Il se fit un long silence : Rollan demeurait immobile, absorbé dans ses pensées qu'il ne révélait point ; Corentin, vaincu par la fatigue, s'était endormi sur place.

En cette absence complète de tout bruit, un vague murmure monta aux oreilles de Rollan ; il se pencha au-dessus du gouffre ; jamais il n'avait entendu si distinctement le roulement de la chute d'eau souterraine.

— Il était noble, franc, généreux, pensa-t il.

Pauvre Julien ! pauvre ami ! pauvre maître ! Dans ce tombeau sont enfouis tous ses espoirs : avec lui le rêve de l'indépendance bretonne a rendu le dernier soupir... Gauthier de Penneloz avait bien choisi ; le lieu est bon pour commettre un meurtre, et ce mystérieux abîme ne doit point rendre les hôtes qu'on lui envoie...

Cette dernière pensée lui fit faire un retour sur lui-même ; il se souvint.

— Arthur ! murmura-t-il avec passion, mon fils ! plus que mon fils ! Cet homme veut te prendre ta seconde mère. Il ne sait pas, il ne peut savoir, il sera ton ennemi comme le mien, et pourrai-je toujours veiller sur toi ?... Il dort ! ajouta-t-il avec indignation en secouant Corentin qui s'éveilla en sursaut. Debout ! et recommençons !

Le rustre se frotta les yeux, surpris de cette recrudescence soudaine.

— Frère, voulut-il dire encore. Je suis bien las !

— Debout ! te dis-je. L'haleine ne te manquera pas dans la lutte nouvelle que je te propose... Tu vois bien ce fossé ?

— Saint Jésus ! s'écria Corentin, comme le trou fait tintamarre, cette nuit !

— Croix ou pile, continua Rollan : le perdant sautera.

Il sortit un écu de sa poche et s'apprêta à le lancer en l'air. Corentin croyait rêver.

— Le perdant sautera, répéta-t-il en fixant sur le courrier son regard ébahi ; — où ?

Rollan lui saisit le bras et l'entraîna au bord du précipice :

— Là, dit-il.

Corentin recula, épouvanté. La frayeur lui rendit d'abord quelque énergie ; mais Rollan fit un pas vers lui, et prit la pose menaçante d'un lutteur, sur le point de saisir son adversaire ; le rustre sentit fléchir ses genoux : ces quelques instants de sommeil, sur un sol froid et humide, avaient raidi ses articulations.

— Mais tu es donc enragé ? gronda-t-il. Tu prêchais la paix tout à l'heure.

— J'ai réfléchi, dit Rollan, tu me gênes.

— Au fait, pensa le rustre, on peut jouer d'abord. Si je gagne, nous sommes des bons ! si je perds, il sera toujours temps de taper ou de se sauver... C'est toi qui jettes ? ajouta-t-il tout haut.

— C'est moi.

— Marche !

— Demande !

— Je demande croix.

Rollan jeta en l'air la pièce d'argent qui scintilla en tournant, et tous deux se précipitèrent : le courrier, plus alerte, arriva le premier, et, couvrant l'écu du pied, prit le bras de Corentin.

— Je jure de faire le saut si je perds, dit-il en levant la main ; fais comme moi.

— Je le jure.

Rollan découvrit l'écu qui était tombé sur pile et montrait sa croix brillante aux rayons de la lune. Corentin poussa un cri de triomphe.

— Tu as perdu, dit-il ; et tu as juré !

Rollan détacha de sa ceinture une bourse qu'il jeta aux pieds de Corentin.

— Pour Anne, dit-il à voix basse. Fais qu'elle soit heureuse.

Il prit son élan à ces mots ; mais arrivé au bord du gouffre, il s'arrêta, et se frappa le front tout à coup.

— L'enfant ! murmura-t-il avec désespoir : c'était pour l'enfant et je l'abandonne !... Qui protégera l'héritier de Bretagne ?

Il revint vers Corentin qui le regardait faire, les bras croisés, dans l'attitude du calme le plus parfait.

— Ami, dit-il, donne-moi la vie.

Corentin haussa les épaules, et se prit à siffler un refrain.

— La vie ! répéta Rollan avec force. Que t'importe ma mort ? je renonce à elle...

— Qui me répond de toi ? demanda dédaigneusement le rustre.

— Je jure...

— Moi, je doute... Allons, mon compère, un bout de patenôtres, et en avant !

— Pitié ! cria Rollan ; j'ai à remplir un sacré devoir. Dieu m'est témoin que je quitterais la la vie sans regret ; mais j'ai fait serment...

— De sauter, oui, mon frère... dépêche, car tu m'as rudement fatigué, et j'ai sommeil.

Rollan se mit à genoux.

— Au nom de ta mère, pitié ! dit-il.

— Tu as donc bien peur ! demanda Corentin avec rudesse.

Un éclair d'indignation alluma l'œil de Rollan ; il s'élança sur son rival, l'étreignit, et, par un effort désespéré, le terrassa sur le bord même du précipice.

— Vois ! dit-il en pressant du pied sa poitrine.

— Grâce ! cria Corentin à son tour.

Avant qu'il eût achevé, Rollan s'était remis à genoux près de lui. Corentin se releva vivement et fit quelques pas en arrière, craignant sans doute une nouvelle attaque.

— Tu es le plus fort, dit-il de loin ; si tu avais gagné, tu m'aurais contraint à faire le saut ; moi, je ne puis te contraindre, mais je te tiens lâche et menteur, si tu renonces !

Rollan semblait violemment combattu. Il y

avait foi jurée ; il y avait aussi ce que les grands et les petits appelaient alors jugement de Dieu. Il n'est sans doute pas permis ici d'absoudre, mais les actions des hommes se plaident selon le temps. On hésite à condamner. Rollan dit :

— Ma vie est à toi, Corentin : tu me la demandes ; je suis prêt. Accorde-moi mon dernier vœu, et je m'en irai sans te maudire. J'avais juré de servir de père à l'enfant qui est sous le toit d'Anne...

— Il n'est donc pas ton fils ? interrompit curieusement Corentin.

— Il est... commença Rollan ; mais il s'arrêta et poursuivit en lui-même : Celui qui a tué le père épargnerait-il le fils ? pour qu'il vive, il faut qu'il reste obscur... Qu'il soit ton fils, continua-t-il à voix haute, éludant ainsi la question posée. Si Anne devient ta femme, aimez l'enfant.

— Ça peut se faire, il est gentil... Est-ce tout?

— C'est tout.

Rollan se mit en marche d'un pas ferme, fit un signe de croix et s'élança ; on l'entendit percer la voûte de broussailles, puis le gouffre rendit un sourd mugissement. Corentin écouta il frémit, se calma, puis un rire épais souleva sa poitrine :

— Allons ! dit-il, il n'en reviendra que gentilhomme ! C'est le proverbe. Quant à l'enfant, je le porterai demain aux orphelins de Rennes ; il sera là comme un petit saint... Ce diable de Rollan avait un grain de folie ; c'est égal, c'était un fier lutteur !

Cela dit, Corentin fit sonner la bourse dans sa poche, ramassa son bâton, et descendit gaîment la colline.

LES FRÈRES BRETONS

Il y avait alors en Bretagne des symptômes de mécontentement et même de rébellion imminente. Les états avaient refusé hautement, et à plusieurs reprises, de reconnaître l'autorité illégale des intendants royaux dont l'établissement, disaient les juriconsultes les plus réputés de la province, avait eu lieu en fraude de l'esprit et de la lettre du pacte d'Union ; le peuple murmurait et réclamait ses anciennes franchises, sans trop savoir, comme d'habitude, ce en quoi consistait l'objet de ses réclamations.

Outre ces deux oppositions avouées et marchant au soleil, il en était une autre, sorte de société secrète, dès longtemps organisée, et dont l'origine pouvait remonter aux premiers jours de la réunion du duché au royaume : Les *Frères Bretons* avaient des adeptes dans toutes les castes, mais se recrutaient surtout parmi les gentilshommes. Leur but était en apparence le maintien des priviléges de la province ; mais la plupart allaient plus loin, et voulaient qu'on proclamât la séparation et l'indépendance absolue.

Les Frères Bretons, un œil fixé sur Paris, en fièvre, agité par la guerre civile, l'autre sur l'Angleterre, attendaient avec impatience l'occasion d'engager la lutte. Ils ne doutaient en aucune façon du succès ; leur unique embarras était le choix d'un duc. Il y avait alors un grand nombre de familles tenant, soit par agnation, soit par alliance, au vieux tronc des derniers ducs régnants, Rohan, Rieux, Goëllo, Avaugour, pouvaient faire valoir des droits presque égaux ; après eux venaient les Penneloz de Kermel, descendance prétendue des vicomtes de Porhoët ; les Fergent de Coatander, et une foule d'autres maisons que des titres contestables, parfois une simple ressemblance de nom, portaient à se mettre sur les rangs.

Entre tous ces prétendants, trois seulement avaient des chances, c'est-à-dire des partisans. Les Rohan étaient trop sérieusement occupés à Paris, par les intrigues de la cour, pour voir clair à ce qui se passait en Bretagne ; les Rieux, cette superbe race, se tenaient à l'écart avec un silencieux dédain. Restaient donc Julien d'Avaugour, unique héritier du nom ; Reine de Goëllo, fille du dernier comte de Vertus, et Gauthier de Penneloz, commandeur de Kermel.

Celui-ci, devenu chef de famille par la mort de son aîné, postulait à Rome et près du conseil de l'ordre, à Malte, pour obtenir la rescision de ses vœux.

Julien chevalier d'Avaugour, qu'on appelait en Cornouailles et dans le pays de Léon « monsieur de Bretagne », avait un fort parti; ses preuves étaient simples et claires : il écartelait de Bretagne, et ne portait point comme les Goëllo, la barre de bâtardise en son écusson. Personnellement, c'était un noble et vaillant jeune homme; il avait beauté, hardiesse, fortune et générosité, ces vertus nécessaires du chef de parti; mais sa jeunesse s'était passée en Allemagne et à Paris; ses ennemis demandaient s'il n'avait point dérogé ainsi à sa qualité de Breton. Bien peu le connaissaient personnellement.

Lorsqu'il revint à Rennes en 1647, accompagné de Rollan Pied-de-Fer, il ne se fit voir à personne, et gagna presque aussitôt le château de Goëllo où le commandeur de Kermel résidait en ce moment avec sa pupille, Reine ; on crut que Julien d'Avaugour désirait s'aboucher avec l'homme qui était deux fois son rival pour la politique et pour le mariage. Le crédit du commandeur reposait principalement sur sa qualité de tuteur de l'héritière de Vertus. Gauthier de Penncloz, en effet, après avoir, pris d'autorité, la tutelle, aux lieu et place de son frère mort, s'était hâté d'annoncer hautement ses fiançailles avec Reine ; la jeune fille, disait-il, l'avait choisi en toute liberté pour époux, et attendait impatiemment que la décision de la cour de Rome permît de passer outre au mariage. Par cette manœuvre, le commandeur réunissait sous sa bannière les créatures des Penneloz et les partisans de la maison de Vertus, toujours si puissante entre Vannes et Quimper.

Julien et lui n'étaient point étrangers l'un à l'autre, il s'étaient trouvés ensemble à Paris, où Gautier de Penneloz avait conduit sa pupille en 1644. Reine de Goëllo, à peine âgée de seize ans, alors, s'était livrée avec une joie d'enfant aux plaisirs de la cour. Pendant dix-huit mois, ce ne furent que bals et fêtes où elle ne manquait pas de rencontrer le chevalier d'Avaugour. Julien soutenait noblement son nom : il était cavalier de haute mine, et passait à bon droit pour brave ; ses équipages faisaient envie aux plus galants. Reine fut heureuse de voir un gentilhomme de Bretagne, son cousin, briller au milieu de la première cour du monde ; sans se l'avouer, elle éprouva pour lui une inclination que Julien partageait. Mais la sympathie mutuelle des deux jeunes gens ne levait pas tous les obstacles. Reine craignait l'homme qui s'était institué son tuteur, et savait qu'il ne consentirait jamais à cette union ; elle alla jusqu'à supplier Julien de ne tenter aucune démarche près du commandeur. Dans cette conjoncture, une seule voie restait ouverte : l'évêque de Rennes, M. de la Motte Houdancourt fut consulté sur l'opportunité d'un mariage secret, excusé assurément et peut-être commandé par la position de la pupille et par le caractère du tuteur.

Ce fut vers cette époque que Rollan Pied-de-Fer quitta la Bretagne pour se rendre à Paris. Le chevalier d'Avaugour avait besoin d'un homme sûr et complètement dévoué ; il fit choix de son frère de lait. Rollan reçut la confidence du chevalier ; il mit à le servir son zèle et son obéissance ordinaires, mais on aurait pu voir que, dans tout ce qui regardait le mariage de son jeune maître, un sentiment caché combattait le dévouement du courrier. Personne, cela est de toute certitude, n'avait pu définir la nature de ce sentiment, et Rollan lui-même était à cent lieues de s'en rendre compte. Nous sommes donc obligés d'expliquer nous-même le caractère de cette répugnance singulière ou pour mieux dire de cette douleur.

Le moyen-âge n'était pas mort en Bretagne, même sous Louis XIV, et l'admirable poésie de cette ère calomniée qui vit la France, constituée en famille, prospérer au cours de plusieurs siècles vivait encore dans les évêchés de Saint Malo, de Vannes, de Tréguier et de Quimper. Vous eussiez retrouvé-là entre le seigneur chéri comme un roi et la foule soumise, mais libre des vassaux, ce lien si doux et si fort à la fois qu'un grand écrivain a pu le comparer au lien même de la famille patriarchale et y voir le seul exemple de vraie égalité offert par les innombrables pages qui racontent l'histoire du monde.

Rollan n'était pas un vassal ordinaire ; il approchait de très-près les deux familles d'Avaugour et de Vertus. Nous avons vu en parlant de son union projetée avec Anne Marker qu'il voyait là surtout un moyen de donner une mère à certain enfant du nom d'Arthur. Rollan avait pour Anne de l'estime et de l'affection, mais son cœur n'était point autrement engagé envers elle.

Ce n'était qu'un paysan et il partageait parfois les simplicités de sa caste, mais d'autre part, et nous le verrons bien, il avait l'âme chevaleresque et la pensée grande. Les errants et les solitaires sont presque tous poètes : La vie vagabonde de Rollan s'écoulait dans la solitude.

Il n'y a qu'un mot dans la légende en langue celtique qui raconte la vie de cet humble héros, un seul mot pour expliquer la secrète souffrance qu'il éprouvait à presser les préparatifs du mariage de son maître.

Un des couplets le montre apportant un message au château de Goëllo et regardant de loin une forme blanche, accoudée au balcon de la tour.

« Le bon courrier s'arrêta, dit le chant, non point qu'il fût las, mais Reine était bien belle, et Rollan « qui justement à elle pensait » pria Dieu de bénir la princesse de Bretagne. »

Quoi qu'il en soit, ici comme toujours Rollan Pied-de-Fer servit son seigneur et maître avec intelligence et fidélité. Ce fut lui qui alla chercher au pays de Nantes, M. le chanoine de Souvré, neveu de l'évêque de Rennes, qui devait célébrer le mariage en l'église du bourg d'Auteuil, sous Paris. Il y eût de grandes difficultés parce que M. le commandeur de Kermel surveillait de près sa pupille et qu'il avait des soupçons.

Enfin une nuit où madame Anne d'Autriche

donnait bal au Louvre, Reine de Goëllo parvint à s'esquiver en compagnie de mesdames de Gondi (nièce du coadjuteur) et de la Meilleraye. On dit que la reine mère elle-même était complice, et un carrosse de la cour prit au grand galop le chemin de Versailles.

M. le commandeur ne prit point l'éveil, parce qu'il guettait le chevalier d'Avaugour de plus près encore que sa pupille et que, tout en faisant le brelan de M. de Bouillon, le commandeur ne perdait pas un instant de vue son rival dont la belle tournure se distinguait aisément dans la foule des courtisans. On pouvait compter sur Kermel pour ne se point endormir. La politique était en jeu dans cette affaire bien plus encore que le sentiment et M. de Kermel pensait fort bien qu'Avaugour, devenu le mari de l'héritière des comtes de Vertus, serait pour lui trop forte partie.

Or voici ce qui s'était passé : à l'instant où Reine de Goëllo montait en carrosse avec ses deux compagnes, l'heureux Julien d'Avaugour galopait déjà à franc-étrier le long des rives de la Seine et devait arriver le premier au rendez-vous. Comment pouvait-il à la même heure parader dans les salles du Louvre ? Etait-il double ?

Non, mais nous avons dû dire déjà que Rollan et lui se ressemblaient d'une façon assez notable. Rollan avait revêtu un riche costume appartenant au chevalier et non-seulement avait pris sa place dans le bal, mais encore s'était approché du coin de la reine, où le commandeur avait pu le voir en très-illustre compagnie. Anne d'Autriche aimait les Bretons, elle était « gouverneur » de Bretagne et ne détestait pas les espiègleries. Malgré la gravité qu'elle avait prise depuis la mort du feu roi, elle se divertit cette nuit-là, comme en son jeune temps.

Ce Rollan avait vraiment grande allure sous ses habits de gentilhomme et le commandeur de Kermel ne fut pas seul à s'y tromper.

Cependant les violons du roi exécutaient la courante en vogue et le bal était à son meilleur moment ; M. de Bouillon n'était pas un aimable joueur. Il « grognait » quand il perdait, selon les mémoires, et quand il gagnait, il raillait. Après avoir vidé la bourse de M. Kermel il lui dit :

— Un temps fut où je me serais fait scrupule de dépouiller la Religion en votre personne, M. le commandeur ; (on appelait l'ordre de Malte la Religion.) Maintenant ce qu'on vous gagne est autant de pris sur l'infidèle !

On rit et Kermel se leva d'assez mauvaise humeur.

— Vos dispenses sont-elles arrivées, demanda encore le prince. Je causais hier avec M. le Chevalier d'Avaugour qui semble s'intéresser vivement à vos affaires de cœur. C'est un parfait cavalier : comme je m'informais pour le joindre au jeu de la reine, il me fut répondu : « Cherchez Mme de Gondi qui chaperonne Mlle de Goëllo, vous êtes certain de le trouver. »

Gauthier de Penneloz salua et s'éloigna, mais involontairement son regard parcourut la brillante assemblée, cherchant du même coup sa pupille et son rival. Bien entendu il ne découvrit ni Mme de Gondi, ni Reine, mais il aperçut dans une embrasure Julien d'Avaugour tout seul et qui semblait rêver ; Il y avait longtemps que S. M. était rentrée dans ses appartements.

Le commandeur s'approcha du chevalier. Il appartenait à l'opinion des gens d'Italie qui sont friands de l'entretien de leurs ennemis. Tout en traversant la galerie, M. de Kermel examinait Julien d'Avaugour et trouvait en lui je ne sais quoi de changé. C'était bien toujours la même richesse de taille, la même fierté de pose, mais sous le rapport de l'élégance, il lui sembla que Julien avait perdu un peu.

— Monsieur mon cousin, dit le Commandeur en se faisant tout aimable, je vous ai aperçu de loin et n'ai point voulu manquer cette occasion de vous rendre mes devoirs.

Le prétendu chevalier s'inclina sans répondre et Kermel pâlit. Ce fut tout : Rollan s'éloigna en silence. Le Commandeur, en le quittant, courut de salon en salon, cherchant ce qu'il ne trouva, bien entendu, point. Il finit (il aurait dû commencer par là) par se jeter dans son carrosse en ordonnant à son cocher de brûler le pavé jusqu'à l'hôtel ; mais Rollan tout en n'ayant point l'air de se presser, avait été plus vif que lui : sans cela, le commandeur aurait eu tout le secret, car Reine, en ce moment, était encore à l'église d'Auteuil.

Seulement, le cocher ne brûla pas le pavé, bien au contraire. Il avait reçu de Rollan d'autres instructions, appuyées d'une bourse très-bien garnie. Par suite de quoi, pendant la majeure partie de la nuit, Gauthier de Penneloz, Commandeur de Kermel, se démena comme un possédé au fond de son carrosse sans pouvoir aucunement se faire entendre du coquin de valet qui était sans doute ivre-mort, car il vaguait par la ville, jurant, sacrant, assommant les chevaux qui n'en pouvaient mais, et cherchant le logis de son maître dans des quartiers impossibles.

L'enfant Arthur que nous avons vu confié aux soins d'Anne Marker était le fruit de cette union, célébrée à l'église d'Auteuil par M. le chanoine de Souvré, pendant que le cocher de Kermel gagnait les étrennes à lui données par Rollan Pied-de-Fer.

La cérémonie, quoique secrète, ne manqua point d'une certaine solennité. Outre Mmes de Retz et de la Meilleraye, le mariage eut quatre témoins qui étaient M. de Sourdéac (Rieux), M. le marquis de la Motte-Houdancourt, M. l'abbé de Coatlez, doyen du chapître de St Brieuc et le président de St Méen qui signèrent au registre.

Rentré enfin chez lui, le commandeur s'informa de Reine ; celle-ci reposait ; n'osant fouler aux pieds, malgré sa colère, ce sentiment qui faisait un sanctuaire de la retraite d'une femme, il rongea son frein jusqu'au jour. Mais on doit croire qu'il ne fut point complètement la dupe de tout ce manége, car, une semaine après, ses équipages reprenaient la route de Bretagne, et la pauvre Reine, les larmes aux yeux envoyait un dernier regard au Louvre, théâtre de son éphémère bonheur.

A dater de cet instant, les fonctions de Rollan près du chevalier d'Avaugour prirent un caractère tout autre. Il s'était fait violence pour accepter le douteux office que nous venons de le voir remplir ; son âme était fière autant que put l'être jamais âme de gentilhomme ; il fallut pour le déterminer une circonstance qui eût influé sur un autre en sens diamétralement contraire : son admiration chevaleresque pour Reine de Goëllo. Lié à Julien par un de ces dévouements sans bornes qui prennent racine parfois au cœur des Bretons de bon sang et ne finissent qu'avec la vie, il se complut dans ce qui était peut-être un sacrifice ; il fit taire à la fois la vague révolte de son cœur et sa fierté. D'ailleurs, pour un ami fidèle et intelligent comme était Rollan, il y avait en tout ceci un côté sérieux ; Julien, loyal et passionné ne voyait dans Reine que sa jeune femme charmante et bien-aimée, Rollan voyait aussi en elle le marchepied qui devait servir à l'héritier des ducs souverains pour arriver au trône de Bretagne.

Le courrier d'Avaugour n'était point, au fond du cœur, partisan de la scission absolue ; son jugement droit et supérieur lui disait que cette chimère, réalisée par hasard, serait pour son pays une source féconde de malheurs ; il servait d'autant plus volontiers le chevalier, qu'il avait cru découvrir en lui le germe d'une politique semblable. Il travaillait donc, chef de parti, autant et plus que Julien lui-même, mais dépouillé de toutes vues personnelles, pour son frère qu'il aimait, et avant tout pour la Bretagne dont il voulait restaurer les libertés menacées.

Après le départ du commandeur, il reprit la veste collante et l'étroite ceinture de cuir du courrier. Deux fois par mois on aurait pu le rencontrer, cheminant sur les routes de Bretagne, et dépassant par la rapidité de sa marche les coches les mieux attelés. A Rennes et dans les assemblées centrales des Frères Bretons, il ne se montrait jamais ; c'est sur les paysans et les gentilshommes campagnards qu'il exerçait son influence. Pour la haute noblesse, Rollan avait un puissant et actif suppléant dans la personne de Jean, sire de Châteauneuf, cadet de la maison de Rieux. Ce dernier avait longuement et souvent conféré avec le courrier ; il s'était rallié à sa politique et donnait aide au chevalier d'Avaugour, dans la persuasion que celui-ci, une fois débarrassé de ses rivaux, modifierait ses prétentions.

Jean de Rieux tenait Rollan Pied-de-fer en

haute estime ; seul, il eût pu dire les grands services que le courrier rendait à la cause bretonne.

Julien d'Avaugour quitta Paris vers la fin de 1647. Il avait hâte de se rapprocher de Reine, dont il n'avait point eu de nouvelles depuis un an ; il voulait aussi compter par lui-même ses partisans et engager au besoin la bataille. La cour n'avait pas le moindre soupçon de ses desseins : M. le cardinal était trop empêché pour songer aux diverses factions qui se partageaient une province éloignée ; quant aux gens de la Fronde, ils eussent été plus disposés à servir les révoltés qu'à prêter leurs épées pour réprimer la rébellion. Le moment était donc favorable.

Rollan Pied-de-Fer avait précédé le chevalier de quelques jours. Il était chargé du jeune fils de Reine de Goëllo, qu'il confia, comme nous l'avons vu, aux soins de la dame Marker et de sa fille Anne. Une fois entrés dans la province, M. d'Avaugour et Rollan rompirent, en apparence, tous rapports. Le courrier, dont la popularité était immense dans les bourgs et petites villes de la basse Bretagne, devait passer jusqu'au dernier moment pour un zélateur pur de l'association des Frères-Bretons, non pour l'affidé de l'un des prétendants. Une seule fois en passant à Rennes, il eut un entretien avec son ami et maître ; et ce fut pour le mettre en garde contre le commandeur de Kermel qui savait désormais toute l'histoire du mariage secret, légalement contracté. Ensuite, Rollan, dans son infatigable zèle, partit et poursuivit l'accomplissement de sa tâche. Il ne devait plus revoir Julien d'Avaugour.

Le lendemain de cette dernière entrevue, un messager du commandeur arriva à Rennes, où

Julien gardait encore l'incognito. Il portait une lettre, pleine d'assurances amicales et de caresses : Gauthier de Penneloz suppliait Julien de le venir trouver au château de Goëllo, et lui donnait à entendre qu'il désirait ardemment faire alliance avec lui pour le bien de la cause commune.

Le chevalier, confiant comme toutes les âmes généreuses, se mit incontinent en chemin. Il fut reçu à bras ouverts ; il vit Reine, les yeux du commandeur semblaient rayonner de bonhomie en contemplant l'accord des deux jeunes gens. Le second jour, il y eut au château assemblée générale des seigneurs membres de l'association. Jamais on ne vit plus forte et vaillante réunion ; on eût dit une élite faite exprès dans les états de la province.

Après un conseil, où pas un mot ne fut prononcé touchant la rivalité du commandeur et de Julien, ce dernier fut investi, à l'unanimité, des fonctions de chef provisoire, avec le titre de connétable de Bretagne ; on lui en fournit sur l'heure lettres patentes. En même temps il reçut mission de retourner à Paris pour négocier un emprunt auprès de MM. de Rohan.

Sur le point de se réparer, l'assemblée prêta serment entre les mains de messer Yves de Gévezé, évêque de Dol.

Julien voulait monter incontinent à cheval, mais le commandeur affecta un tel ravissement de le voir à la tête des affaires de la province, il s'expliqua avec tant d'indignation sur le prétendu mauvais vouloir que certains lui prêtaient à l'encontre de son aimé cousin d'Avaugour, que le chevalier se laissa persuader : tous les seigneurs partirent ; lui seul demeura au château de Goëllo.

Gauthier de Penneloz l'accabla de courtoises attentions, et montra dans sa conduite une déférence qui semblait presque du respect. Quand le soir fut arrivé, au moment où Julien parlait déjà de se mettre définitivement en route, le commandeur le prit par la main en souriant et le conduisit à l'appartement de Reine.

— Mon cousin, dit-il avec douceur, la tendresse toute paternelle que m'inspire ma noble pupille m'a rendu clairvoyant. Peut-être avais-je droit, de sa part et de la vôtre, à plus de confiance. Vous n'avez pas cru devoir me faire d'aveux ; je ne vous en blâme point, mais j'ai deviné votre secret.

Reine rougit et baissa les yeux ; Julien regarda le commandeur avec une inquiétude menaçante. Celui-ci continua en adoucissant de plus en plus son sourire :

— A quoi bon feindre encore ? vous m'avez

mal jugé ; mon cousin d'Avaugour, et vous, Reine, vous me faites une cruelle injure. Votre bonheur a toujours été mon soin le plus cher. Jadis, j'avais espéré.... Mais ne parlons point de moi... Me voici prêt à vous conduire moi-même à l'autel.

Julien se précipita et serra la main de son généreux rival ; Reine, confuse, mais radieuse, pouvait à peine croire à tant de bonheur.

— Sur ma foi, monsieur de Kermel, s'écria Julien, nous avons manqué de confiance en effet, mais je veux mourir si pareil reproche peut nous être adressé à l'avenir... Et tenez, il faut que vous le sachiez tout de suite, Reine est dame d'Avaugour devant Dieu. Nous fûmes dûment mariés par un prêtre, lors de votre séjour à Paris.

Une pâleur subite et fugitive monta au front

du commandeur de Kermel ; mais il ne perdit point son sourire.

— Enfants ! dit-il d'une voix paternelle ; et c'est de moi que vous vous cachiez !

Reine avait les yeux pleins de larmes.

— Oh ! merci ! dit-elle ; merci et pardon, Monsieur !

— Pardon en effet, mille fois, et de grand cœur, monsieur mon cousin, reprit Julien. Puisque désormais vous voulez bien ne point y mettre obstacle, je déclarerai publiquement notre mariage au retour, et mon fils viendra tenir sa place au château de Goëllo.

— Votre fils ! s'écria vivement le commandeur, qui avait plaidé le faux, comme on dit, pour savoir le vrai, et qui était loin d'être aussi bien instruit à l'avance que Rollan l'avait cru.

Ses sourcils, qui s'étaient involontairement froncés, l'éclair de haine et de courroux qui brilla tout à coup dans son regard, auraient pu donner l'éveil au chevalier, si, celui-ci, tout entier à sa joie, n'eût été occupé à baiser tendrement la main de sa jeune femme. Gauthier de Penneloz fit sur lui-même un effort violent, et reprit aussitôt son masque.

— Le sang de Vertus, dit-il en s'inclinant, sera toujours reçu comme il convient au château de Goëllo... A bientôt donc la fête des épousailles, mon cousin d'Avaugour et que Dieu bénisse l'héritier de deux nobles races !

Les deux rivaux se donnèrent une chaleureuse accolade, et Julien, achevant de s'armer, descendit le grand escalier du château. Il était alors nuit close. Le chevalier partait sans suite, devant retrouver ses équipages à Rennes.

Reine de Goëllo regagna son appartement et ouvrit sa fenêtre pour saluer son époux d'un dernier adieu. Elle avait entendu bruire les chaînes du pont-levis ; le pas d'un cheval avait fait résonner les poutres suspendues au-dessus du saut de Vertus ; cependant son regard parcourut en vain le tertre ; nul cavalier ne se montrait aux alentours.

Seulement, lorsque le pont se leva de nouveau, une forme svelte, se détachant d'un massif d'arbres, descendit rapidement la colline : Reine crut reconnaître la tête rasée et la taille étranglée du courrier Rollan Pied-de-Fer.

Depuis lors, on n'entendit plus parler jamais de Julien d'Avaugour. Cette disparition donna d'abord au commandeur un grand poids dans les assemblées des Frères Bretons ; mais bien qu'il fût politique passable et bon homme de guerre, il n'avait su se concilier ni l'estime ni l'affection générale. En outre, les deux grands projets qu'il méditait depuis si longtemps échouèrent : ne voulant et ne pouvant appuyer sa demande en sécularisation de ses véritables motifs, il vit son instance écartée par la cour de Rome ; pour Reine, dès qu'elle put comprendre que la volonté du commandeur n'avait pas changé, qu'il l'avait trompée et qu'il persistait malgré tout dans ses projets de mariage, elle le bannit de sa présence, en le menaçant de réclamer la protection des états.

Gauthier de Penneloz, comme on a pu le deviner, avait enfreint déjà les lois humaines aussi audacieusement que les lois divines, mais jusqu'alors, du moins, il s'efforçait de garder les apparences. Cet échec, en l'exaspérant, lui fit briser toutes les digues, et le jeta dans un labyrinthe d'intrigues et de trahisons. A l'époque où commence notre histoire tout en feignant de rester attaché à la ligue des Frères Bretons, il se proposait déjà de vendre leurs secrets, si la cour de France voulait y mettre un prix convenable.

La confrérie, privée de son chef principal, et n'ayant plus, en réalité, pour essayer la couronne ducale que la tête d'une jeune femme de dix-neuf ans, était donc bien près de sa ruine. Les conjurés s'étaient adressés aux seigneurs d'Acérac et de Sourdéac, aînés de Rieux, puis au cadet, Jean, sire de Châteauneuf ; mais les Rieux, ces véritables hauts barons, qui n'avaient point, comme les Rohan, d'outrecuidantes devises à leur écusson, savaient faire tout ce que disaient vaniteusement leurs rivaux : — Ils répondirent : Prince ne daigne !

Le zèle se refroidissait de toutes parts ; Rollan avait beau promettre le retour de Julien d'Avaugour et expliquer son abscence à l'aide d'une fable à laquelle il ne croyait point lui-même, le bruit de la mort du chevalier prenait de jour en jour plus de consistance et l'association qu'on regardait comme décapitée perdait ses meilleurs soutiens. Malgré la renommée d'obstination qui appartient à la race bretonne, on voyait venir le moment où la terre d'Armor allait perdre jusqu'à la mémoire de son indépendance.

Rollan, inébranlable, poursuivait la tâche commencée, mais il s'y acharnait sans espoir et pour obéir à la volonté de celui qui n'était plus : mieux que personne, en effet, il savait à quoi s'en tenir sur le sort de son maître. Comme cœur et comme intelligence, lui seul aurait été capable de remplacer Julien d'Avaugour, mais le moyen d'imposer un paysan pour chef à tant de seigneurs ! Jean de Rieux, dont l'âme noble et grande était faite pour apprécier l'héroïque dévouement du courrier, témoignait à son égard une confiance mêlée de respect ;

mais les autres gentilshommes, membres de l'association affectaient de ne le point connaître ; ils s'étonnaient même d'entendre le sire de Châteauneuf vanter à tout propos les services d'une simple vilain, et dire que « le jour où, par déplorable fortune, Rollan serait appelé en l'autre monde, c'en serait fait de ce qui restait des franchises, garanties par le pacte d'union à l'ancien duché de Bretagne. »

Jean de Rieux avait raison, et dès lors l'association des Frères Bretons était autant dire morte, puisque là-bas, au clair de la lune, sous les murs du château de Goëllo, nous avons vu de nos yeux Rollan se précipiter dans un gouffre sans fond, tandis que son rustique adversaire récitait le *de Profundis* à son intention.

Corentin avait cru sans doute faire une bien méchante plaisanterie en lui appliquant le dicton populaire : *Il n'en reviendra que gentilhomme !*

Mais, cette fois, le hasard devait choisir le côté merveilleux de l'oracle pour l'accomplir à la lettre, car, non-seulement Rollan Pied-de-Fer revint de son ténébreux voyage ; mais il en revint gentilhomme, et même grand seigneur !

III

LE SAUT DE VERTUS

Après avoir traversé, non sans y laisser çà et là des lambeaux de ses vêtements et de sa peau, l'épaisse voûte de broussailles qui masquait les profondeurs du saut de Vertus, Rollan se sentit parcourir encore une distance considérable. Sur le point de perdre connaissance, il s'accrocha machinalement à une pointe de roc faisant saillie dans le ravin; son poids, joint à l'irrésistible élan que lui donnait la hauteur du saut, l'entraîna ; ses doigts déchirés lâchèrent prise ; il s'évanouit.

Ce fut néanmoins cet incident qui, suivant toute probabilité, le sauva d'une mort certaine : le roc était distant de terre de quelques toises seulement ; son effort, rompant la violence du saut, empêcha Rollan d'être broyé en touchant le sol où s'étaient amoncelés d'année en année, comme une litière ou un fumier, les feuilles mortes des broussailles.

La nuit entière et une partie du jour suivant se passèrent avant qu'il eût repris ses sens. Il s'éveilla enfin, meurtri, glacé, incapable de se mouvoir. Il était étendu, la face contre terre sur ce matelas de débris humides ; ses pieds plongeaient dans un courant d'eau vive qui traversait avec fracas le souterrain. D'abord il se crut le jouet d'un rêve bizarre et pénible ;

tout son corps n'était qu'une douloureuse meurtrissure et sa tête lui pesait comme si elle eut été de plomb. Il n'y avait en lui aucune pensée distincte et la souffrance seule qui poignait ses membres lui donnait conscience de vivre.

Pendant plus d'une heure, le souvenir rôda ainsi autour de sa cervelle sans y pouvoir entrer, mais enfin une lueur se fit, d'abord si vague qu'il fit effort pour la repousser. C'était comme une folie. Puis, peu à peu, quand ses yeux se furent habitués au jour douteux qui régnait au fond du précipice, il vit un cours d'eau bouillonner à ses pieds ; levant la tête, il vit encore à une immense hauteur, verticalement au dessus de lui, une étroite bande, faiblement lumineuse : c'était le fossé de Goëllo, l'endroit d'où il s'était précipité la veille.

La mémoire engourdie venait de s'éveiller.

Son premier soin fut de retirer ses pieds de

cette eau glaciale qui les paralysait ; à mesure que la chaleur revenait, il se sentit reprendre quelque force ; avec la force, revint l'amour instinctif de la vie et le désir de quitter ce tombeau.

Malheureusement, ceci n'était point chose aisée : Rollan, avant même de se lever, put deviner que le gouffre n'avait pas d'issue. En effet, à voir les parois s'excaver, puis se rapprocher en voûte au dessus de sa tête, il dut reconnaître qu'il était là dans une vaste salle ou rotonde souterraine, caverne naturelle qui avait dû être autrefois complètement couverte et séparée de l'air libre.

L'espace occupé maintenant par le saut de Vertus était plein alors, sans doute aussi bien que le reste et formait comme la clef de voûte du souterrain ; la clef enlevée, les parois demeuraient debout à cause de leur adhérence au sol ou par toute autre raison :

Les règles de l'architecture humaine ne font pas toujours loi pour ces grandioses abris, creusés ou bâtis par la main de Dieu.

Bien que suffisamment logique, cette déduction n'était rien moins que rassurante. Rollan galvanisé par l'horreur même de sa situation, essaya de se mouvoir et y réussit à grand effort. Il se mit sur ses pieds. Le sol où il était tombé était, nous l'avons dit, formé de feuilles et de branches mortes où il se trouvait comme enfoui. Rollan utilisant cette découverte, songea tout de suite à se procurer du feu pour éclairer ses recherches et réchauffer ses membres transis.

Un briquet est meuble de courrier ; celui de Rollan ne le quittait jamais ; il amoncela les débris, choisissant les plus secs, et bientôt une épaisse fumée, suivie d'une flamme brillante, s'éleva vers l'issue supérieure.

Ceux qui gravirent ce jour-là le tertre de Goëllo durent croire que l'enfer faisait quelque méchante cuisine au fond du saut de Vertus.

La vue du feu rendit courage à Rollan, mais ne l'avança point autrement. La lumière tombait d'un côté sur les parois noires et velues de la caverne, de l'autre elle se perdait dans le vide ; çà et là, des plaques de salpêtre scintillaient dans le lointain ; l'eau qui passait en mugissant près de lui était un fort ruisseau, rapide et profond. Rollan y fit alors peu d'attention, empressé qu'il était de visiter son domaine.

Il saisit une branche enflammée d'une main, de l'autre, une fascine, afin de renouveler son luminaire, et marcha en remontant le cours du ruisseau. Il ne fit ainsi que quelques pas ; bientôt ses genoux fléchirent, le bois allumé s'échappa de sa main : il venait de heurter du pied un tas d'ossements humains.

Si Rollan eût conservé jusqu'à ce moment un doute sur la fin violente du chevalier d'Avaugour, ce doute se fût évanoui. D'un coup d'œil, il reconnut l'épée de son seigneur ; les vêtements, à demi pourris, n'étaient point non plus méconnaissables.

Près de Julien gisait le squelette disloqué de son cheval. Deux larmes sillonnèrent lentement la joue du courrier.

— Mon frère !... mon maître ! murmura-t-il d'une voix entrecoupée : était-ce donc ainsi que je devais te revoir !

Puis il se mit à genoux.

— Mon Dieu ! s'écria-t-il avec ferveur je doutais encore, quoique j'aie été presque témoin du crime ; votre justice permet que je vienne chercher la certitude jusque dans les entrailles de la terre. Faites que je revoie le jour, mon Dieu, pour que le crime soit puni et que mon maître soit vengé !

Il resta un instant prosterné, les lèvres collées à la croix de l'épée qu'il baisait passionément. Il s'en servit comme d'un bâton pour se relever et l'agrafa autour de ses reins en disant encore :

— C'était l'arme d'un soldat vaillant et d'un loyal gentilhomme. Depuis qu'il n'est plus, la Bretagne est veuve. Je ne suis ni un gentilhomme, ni même un soldat, mais cette épée ne me quittera plus, je le jure, et que sainte Anne d'Auray me protége, il me semble qu'un temps viendra où je la dégaînerai !

Il ne sentait plus ses blessures ; il rassembla les vêtements pour les traîner jusqu'à la lumière du foyer car son brandon s'était éteint. Pendant qu'il examinait ces lambeaux pièce à pièce, quelque chose s'échappa de l'une des poches du pourpoint et roula à terre. C'était un étui de métal aux armes de la maison ducale de Dreux. L'étui était de ceux dont faisaient usage aux siècles précédents les gens engagés dans la vie d'aventures. Rollan s'en empara et en fit jouer le ressort. Il y trouva rassemblées toutes les écritures que le malheureux jeune prince avait intérêt à porter sur lui, sa correspondance, ses titres et aussi copie de la décision qui lui conférait le rang suprême dans l'association des Frères-Bretons.

Rollan contempla longtemps les parchemins que leur enveloppe avait conservés intacts ; il s'était assis et avait mis sa tête entre ses mains ; son active intelligence travaillait. Il y eut un moment où son œil morne et abattu brilla d'un singulier éclat :

— Si j'osais !... murmura-t-il.

Puis il garda encore le silence. Son cœur battait violemment.

Tout-à-coup, il s'écria :

— J'oserai ! Je veux oser ! Et Dieu ne me punira point, car mon but est légitime : j'ai juré de venger le père et de protéger l'orphelin !

Mais son enthousiasme fut aussi passager qu'il avait été soudain ; sa tête retomba lourdement sur sa poitrine.

— Je veux oser ! répéta-t-il amèrement ; pauvre fou que je suis ! Pour oser, il faut vivre ; suis-je donc encore au nombre des vivants ?

La souffrance physique rend faible contre le désespoir ; Rollan, brisé par les mille meurtrissures de sa chute dont le douloureux ressentiment le poignait partout, de la tête jusqu'aux pieds, n'essaya même pas de combattre l'abattement qui s'emparait de lui ; il s'affaissa près du foyer et ferma les yeux. L'épuisement le dompta ; il s'endormit du sommeil des fiévreux.

Quand il se réveilla, une fumée suffocante remplissait la caverne ; la flamme de son foyer, rencontrant partout des aliments, avait gagné de proche en proche ; Rollan se trouvait entre le torrent et un véritable incendie.

Il mesura son danger d'un œil calme. La mort qui se présentait à lui imminente, n'avait certes point de quoi l'effrayer, comparée au lent supplice qu'il avait naguère en perspective. Les ténèbres avaient disparu, tout était éclairé ; il put reconnaître l'impossibilité de franchir le ruisseau d'un bond.

Cependant l'incendie le gagnait rapidement ; le sol brûlait ses pieds et autour de lui l'atmosphère devenait ardente ; il fallait prendre un parti et ne point tarder.

Rollan, malgré l'escarpement de la rive opposée et la violence apparente du courant, résolut de se mettre à la nage. Il assura le rouleau de métal à sa ceinture, recommanda son âme à Dieu et se laissa aller dans l'eau turbulente et sombre.

Il l'avait jugée très-profonde et ne s'était point trompé, car dès le premier pas, il perdit plante ; le courant s'empara de lui aussitôt ; tout ce qu'il put faire, bon nageur qu'il était, fut de se soutenir à la surface. Il se sentait emporter par une fougue irrésistible, et s'attendait à chaque instant à être broyé contre quelque obstacle. Bientôt, caverne et incendie, tout disparut à son regard ; le torrent se précipitait, écumant, dans une gorge étroite. Rollan, plongé dans l'obscurité la plus complète, nageait toujours ; parfois sa tête frôlait la voûte humide du passage souterrain, tant le courant resserrait son lit, et il y eut un moment où il fut obligé de se maintenir entre deux eaux pour n'avoir pas la tête écrasée. Impossible de reprendre haleine. Il en était à se demander s'il continuerait de lutter contre un trépas désormais inévitable, lorsque la voûte s'élargit tout à coup ; un vent frais vint toucher son visage en même temps qu'une lueur très-faible frappait ses yeux.

C'était l'espoir et la vie ; Rollan ressuscitait du sein même de la mort, mais à peine avait-il eu le temps de se réjouir de ces symptômes favorables et assurément inattendus que le torrent, redoublant de vitesse, le roula parmi ses flots bouillonnants jusqu'à une chûte où il fut irrésistiblement précipité. Il tomba de très-haut et se trouva incontinent dans une eau plus tranquille.

Malgré son épuisement, Rollan poussa un

cri d'allégresse. A quelques toises de lui le conduit s'ouvrait; plus loin, c'était une nappe d'eau dormante où flottaient les larges feuilles du nénuphar et qui dans sa bordure de glaïeuls formant palissade, lui renvoyait, brisée, la lumière de la lune, qu'il n'apercevait point encore.

Deux ou trois vigoureux élans le conduisirent à l'orifice ; il jeta autour de lui son regard avide, et reconnut, avec autant de surprise que de joie, un passage familier à ses souvenirs. La nappe d'eau était l'étang de Vertus, situé sous le château.

Le rivage se montrait là près de lui ; il toucha terre et tomba à genoux. Dans son ravissement, regardant ce salut inespéré comme un bienfait tout spécial du ciel, il pria Dieu et la Vierge avec ferveur. Quand il se releva, souffrance et fatigue semblaient avoir disparu ; redressant sa forte taille, il étendit la main vers le château de Goëllo, et pensa dans le fond de son âme :

— Je pardonne à Corentin Bras, pauvre homme, qui n'a fait de tort qu'à moi. Mais je ne vous oublierai point, Gauthier de Penneloz, commandeur de Kermel, meurtrier de mon maître. Vous serez puni, car vous avez répandu le sang de Bretagne ! A nous deux désormais, je choisirai mon temps et mon lieu.

Puis, il s'éloigna rapidement dans la direction de Rennes.

Le lendemain, au petit jour, Rollan arrivait à Rennes et soulevait le marteau de l'hôtel d'Acigné où logeait Jean de Rieux. Le sire de Châteauneuf quitta son lit, dès qu'on lui eut annoncé le courrier, ce qu'il n'eût certes point fait pour M. le lieutenant de roi lui-même ; car il était rude et arrogant vis à vis de ses pairs.

Rollan fut introduit. Il était pâle et avait peine à se soutenir, tant ces deux jours de fatigues incessantes, suivis d'une nuit de marche avaient dompté sa vigueur habituelle ; néanmoins il resta debout, malgré le geste courtois de Jean de Rieux qui lui indiquait un siége.

Il prit la parole d'une voix grave et triste ; les noms de Penneloz et d'Avaugour furent souvent prononcés dans son récit. Tandis qu'il parlait, les sourcils de Jean de Rieux se fronçaient ; sa main tourmentait convulsivement la garde de son épée.

— Maître, dit-il quand le courrier eut terminé, dans la bouche de tout autre, ton récit me semblerait une audacieuse et invraisemblable tromperie. Toi, tu ne mens pas, je le sais ; mais as-tu complète certitude ?...

— J'ai vu, interrompit Rollan.

Le sire de Châteaunéuf réfléchit une minute,

puis se leva brusquement ; son courroux, jusqu'alors contenu, éclata dans son regard ; il fit un geste de menace et s'élança vers la porte, comme s'il allait se mettre incontinent à la poursuite d'un ennemi absent. Rollan l'arrêta.

— Messire, dit-il, je vous supplie de m'écouter encore.

Rollan avait croisé ses bras sur sa poitrine ; son œil était levé vers le ciel ; il y avait dans sa voix de la tristesse encore, mais aussi de l'enthousiasme et une indomptable détermination. Il parla longtemps et avec une étrange éloquence. Le visage du sire de Châteauneuf exprima d'abord la surprise, puis une subite et muette admiration.

— Maître, s'écria-t-il, cela est beau, mais dangereux et difficile ; ne crains-tu point de faiblir ?

— Dieu m'aidera, dit Rollan.

— J'ai foi en ta vertu comme en ton courage, reprit le sire de Châteauneuf.

Puis, changeant de ton tout-à-coup, et portant la main à son feutre :

— Donc, salut à vous mon cousin, ajouta-t-il, messire Julien d'Avaugour, chevalier, connétable de Bretagne ! Vous avez été au fond du Saut-de-Vertus, et selon qu'il est dit, vous en revenez gentilhomme !

— Monseigneur, dit Rollan, qui toucha son cœur et s'inclina profondément, au nom de celui qui n'est plus et de son fils orphelin, je vous remercie. Je suis né pauvre homme, et tel je mourrai, mais jusqu'à l'âge où il saura se défendre lui-même, il faut que l'héritier de Bretagne *ait son père !*

IV

LES ÉTATS DE BRETAGNE

Ce jour-là même, devaient s'ouvrir à Rennes les séances des Etats de Bretagne. Cet antique parlement était divisé d'ordinaire comme toute assemblée politique en deux partis hostiles. Le premier, qui réunissait peu de votes, était, si l'on peut s'exprimer ainsi, la portion ministérielle de l'assemblée : elle se composait de gens tenant charges du gouvernement français ; à leur tête se trouvaient naturellement le gouverneur et le lieutenant de roi. L'autre parti, incomparablement plus nombreux, comptait dans ses rangs les mécontents, les ambitieux déçus, et surtout les zélateurs de l'indépendance.

Ceux-ci, eux seuls, formaient plus de la moitié des états. Mais cette masse opposante, si compacte et si redoutable au premier aspect, était en réalité fort désunie elle-même : en Bretagne, plus que partout ailleurs, le moindre gentillâtre se dit volontiers d'aussi bonne maison que le roi ; un grand nombre de ces nobles affiliés aux Frères Bretons, travaillaient sous main dans un but personnel.

A part ces petites factions qui, à la rigueur, pouvaient se rapprocher à l'heure du péril, la confrérie présentait deux nuances principales ne s'accordant ni sur le but de l'association ni sur son principe : les uns proclamaient d'avance l'indépendance absolue, et ne demandaient rien moins qu'un schisme complet ; les autres, modérant ces prétentions exorbitantes, voulaient conserver un lien entre la métropole et la province, mais un lien tout féodal ; ces derniers, par le fait, étaient bien près d'admettre le *statu quo*, pourvu qu'on respectât scrupuleusement les priviléges et franchises garantis par le contrat d'union.

Le chevalier Julien d'Avaugour, grâce à l'active coopération de Rollan, avait rallié à sa bannière toutes les diverses nuances de la partie mécontente de l'assemblée ; mais où était le chevalier d'Avaugour ? Privée de son chef, cette phalange indisciplinée devait se briser contre tout obstacle.

L'éternelle discussion relative au règlement et à la levée des tailles allait être mise de nouveau sur le tapis. M. de Ponchartrain était arrivé de Paris quelques jours auparavant, en qualité d'intendant royal et avec des pouvoirs fort étendus. En même temps que lui, le cardinal-ministre avait envoyé d'autorité tous les seigneurs bretons francisés qui se trouvaient à la cour ; le vieux Gondi lui-même, qui avait siége aux états pour son duché de Retz situé dans le Nantais, devait venir donner son vote à M. l'intendant de la province.

Grâce à ce concours de voix nouvelles, grâce surtout aux manœuvres secrètes pratiquées auprès des membres récalcitrants, par les émissaires de Son Eminence, à qui les princes laissaient un instant de répit, on espérait enfin emporter de haute lutte l'installation parlementaire de l'intendance, nouveauté notoirement illégale, puisque, aux termes de l'acte de réunion, la Bretagne devait voter et administrer elle-même son impôt.

Lorsque les vastes battants de la grand'porte du palais s'ouvrirent pour donner passage à la foule des seigneurs, clercs et bourgeois composant les états, on eût pu remarquer, sur la plupart des visages, une hésitation de bon augure pour les projets de la cour de France. Ceux qui trébuchent tombent. Beaucoup s'accostaient avec inquiétude annonçant non sans répugnance l'intention de voter pour cette fois avec MM. de Beaufort et de Coëtlogon, le premier, gouverneur de la province, pour madame la reine-mère, le second lieutenant de roi; si quelques-uns se demandaient timidement des nouvelles de la fraternité bretonne, c'était pour hausser ensuite les épaules, et prononcer avec découragement le nom de Julien d'Avaugour, si mal à propos décédé.

La grand'salle s'emplissait, cependant; contre l'ordinaire, les bancs où siégeait cette portion de l'assemblée, que nous avons baptisée ministérielle, étaient combles, tandis que, dans le reste de la salle, nombre de places restaient inoccupées.

De ce que nous disons, il ne faudrait point conclure que le lieu des séances du parlement breton fût disposé comme nos chambres modernes ; les trois ordres, bien entendu, siégeaient à part, savoir : la noblesse sur une estrade semi-circulaire, à droite en entrant ; le clergé, sur une estrade semblable, adossée symétriquement à la muraille opposée ; le tiers ordre s'asseyait au milieu, sur des chaises à bras, non rembourrées, appuyées sur le sol même.

Au fond de la salle, qui sert maintenant de grand'chambre à la cour royale de Rennes, trois siéges s'élevaient vis-à-vis de la porte principale : le premier, recouvert d'un dais de velours, au double écusson de France et de Bretagne, était affecté à monseigneur le gouverneur, représentant la personne du roi ; les deux autres, moins hauts et sans dais, appartenant au lieutenant de roi et au président des états ; ils étaient semblables, sauf les couleurs : celui du président était d'hermine ; celui du lieutenant royal était de France.

Ces trois siéges étaient supportés par une estrade séparée, qui dominait de plusieurs pieds les gradins nobles et ecclésiastiques.

D'ordinaire, à la séance d'ouverture, le fauteuil de la présidence était occupé par le plus haut baron. Il y avait déjà dans la salle de fort grands seigneurs, mais aucun n'avait osé monter les degrés de l'estrade. M. de Coëtlogon, lieutenant de roi, occupait le siége réservé à la droite du dais ; M. de Beaufort était absent, pour cause ; son siége et celui du président restaient vides ; on se disait tout bas que ce dernier serait tenu par Albert de Gondi, duc de Retz.

On attendait déjà depuis du temps et un murmure d'impatience commençait à se faire entendre quand les deux huissiers de service, comme s'ils se fussent donné le mot, frappèrent bruyamment le sol du fer de leur hallebarde, et annoncèrent à la fois les noms de Rieux et de Gondi. Tous les yeux se tournèrent vers les nouveaux arrivants ; eux, s'avancèrent couverts, après avoir porté négligemment la main au feutre. Ils marchaient lentement et de front, ils ne s'étaient point salués.

M. de Retz était un vieillard de haute taille, couvert d'or et de broderies ; sur son grand costume de maréchal de France était passé le cordon des ordres du roi. Il allait, la tête au vent, le poing sur la hanche, et portait sur son visage l'expression de bravade méprisante qui semblait un héritage de famille, dans cette race audacieuse de Gondi.

Le sire de Châteauneuf, au contraire, était jeune, petit, et de médiocre mine ; il était vêtu de gros drap pers, comme les jours où il faisait chasse au loup dans ses domaines. Sa large figure ne se montrait, à proprement parler, ni courtoise ni hautaine ; on y lisait l'indifférence la plus parfaite et une tranquille bonhomie.

Ils arrivèrent ensemble au bas de l'estrade, montèrent les degrés d'un pas égal, et s'arrêtèrent en face du siége de la présidence provisoire ; M. de Gondi, toisant fièrement son compagnon, saisit un des bras du fauteuil ; Jean de Rieux prit l'autre. Il se faisait dans la salle un silence profond.

Chacun voyait là autre chose qu'un frivole combat d'étiquette : c'était Paris et la Bretagne en présence.

— Monsieur, dit le duc en secouant négligemment le flot de dentelles sous lequel disparaissait sa main ridée, je vous prie de vous aller seoir ailleurs, c'est ici ma place.

Le sire de Châteauneuf leva sur lui un regard sérieusement étonné, mais ne répondit point ; seulement, il attira le fauteuil de son côté, et retroussa ses basques pour s'asseoir.

— Sur ma parole ! s'écria le duc contenant sa fureur, voici une plaisante aventure !... Vous ne savez point qui je suis, je pense, mon gentilhomme ?

— Non, dit le sire de Châteauneuf.

— On me nomme Albert de Gondi, duc de Retz et de Beaupréau, comte de...

— Moi, j'ai nom, Jean de Rieux, interrompit ce dernier.

— Je suis, continua Gondi, maréchal, pair de France, chevalier des ordres du roi, gouverneur d'Anjou, grand écuyer de madame la reine-mère...

— Toutes ces choses sont de France, interrompit encore Jean de Rieux, gardant jusqu'au bout son imperturbable sang-froid : moi, je suis Breton de Bretagne.

Ce disant, il imprima au fauteuil un brusque mouvement et s'assit.

Le duc demeura immobile, la bouche ouverte, paralysé par la colère et la stupéfaction.

La salle entière s'était levée par un mouvement général et spontané. Les gens du roi de France se plaignaient avec grande amertume ; ils avaient raison : cet incident inattendu venait de remettre en courage les opposants qui commençaient à chanceler. On voyait de tous côtés des visages étincelants de joie et d'orgueil ; la vieille sève de « la terre de granit, recouverte de chênes » bouillonnait dans toutes les poitrines.

Les deux adversaires avaient été séparés par la foule ; le duc, l'épée à demi tirée, gesticulait et menaçait à haute voix. Jean de Rieux, toujours assis, dans l'attitude de la plus entière insouciance, se taisait et semblait songer. Le lieutenant de roi marcha vers lui, le feutre à la main.

— Monsieur, dit-il, nul ne conteste votre illustre origine, mais la dignité de M. le duc...

— Sommes-nous chez nous, je vous prie, mon cousin Coëtlogon? demanda Jean de Rieux avec simplicité.

— Sans doute, reprit en rougissant le lieutenant de roi ; mais...

— Alors, continua le sire de Châteauneuf, en l'absence de messieurs mes aînés d'Acérac et de Sourdéac, voici mon dernier mot ; vienne un plus proche parent du sang de Bretagne et je céderai ma place.

Gauthier de Penneloz, ennemi personnel des Rieux, et cherchant à se ménager l'appui de la cour de France, vint à ce moment au secours de M. de Coëtlogon.

— Me voilà, dit-il, répondant à l'appel de Jean de Rieux.

Celui-ci laissa errer sur sa lèvre un dédaigneux sourire.

— Monsieur le commandeur, dit-il, je vénère les hommes d'Eglise quand ils tiennent à leur vœu. Je leur cède à la messe et au confessionnal. N'a-t-il point été bruit de vos noces?

Un nouvel arrivant était entré dans la salle, et avait passé inaperçu au milieu du désordre ; c'était Rollan Pied-de-Fer, vêtu d'un riche costume choisi dans la propre garde-robe de Julien, son maître. Il avait écouté d'abord et regardé de loin ce qui se passait ; à la vue de Gauthier de Penneloz, il marcha droit au fauteuil contesté, et dit, lui aussi :

— Me voilà.

Jean de Rieux se leva aussitôt, et se découvrit ; puis, prenant respectueusement la main du courrier, il le fit asseoir en disant à haute et intelligible voix :

— Soyez le bienvenu, monsieur mon cousin d'Avaugour ! Vous tenez de plus près que moi à Bretagne.

Ce nom d'Avaugour retentit de proche en proche, et calma le tumulte comme par magie ; l'arrivée du chevalier était un événement majeur qui devait dissiper toute préoccupation secondaire ; on fit cercle autour de l'estrade. Un grand nombre de membres n'avaient jamais vu Julien d'Avaugour, vivant d'ordinaire loin du pays breton, les autres l'avaient aperçu une seule fois de nuit au château de Goëllo, lors de l'assemblée qui avait précédé sa disparition. Néanmoins, et malgré la ressemblance frappante du courrier avec son ancien maître, quelques doutes auraient pu s'élever, si la reconnaissance formelle de Jean de Rieux eût laissé place aux soupçons. Devant le témoignage de Rieux, la pensée d'une usurpation de nom ne vint à personne ; les uns se réjouirent de ce retour inespéré, les autres maudirent le hasard.

Un seul homme, dans le parlement, ne partageait point l'erreur générale : au nom du chevalier d'Avaugour, Gauthier de Penneloz avait tressailli et reculé de quelques pas ; il resta un moment le regard cloué au sol, comme s'il eût craint, en le relevant, d'apercevoir quelque effrayante apparition.

Enfin, il fit un effort et se redressa ; l'œil

de Rollan, calme, assuré, était fixé sur lui.

— Ce n'est pas lui ! s'écria mentalement le commandeur en poussant un long soupir de soulagement ; mais que peut vouloir cet homme ?

Il se prit à réfléchir laborieusement, au lieu de protester. Ce prétendu chevalier, dont il se rappelait confusément la figure, devait être un imposteur de bas étage, n'ayant d'autres chances de succès que son audace et la disparition du véritable Julien d'Avaugour. Néanmoins, comme lui, Gauthier, était seul à savoir le sort de ce dernier, et qu'il n'avait garde de le révéler, la réussite de l'usurpateur ne restait point douteuse. Le sire de Châteauneuf, ami d'enfance de Julien, et dont la renommée de loyauté n'était pas attaquable, admettait l'identité de cet homme ; que pouvait faire le reste de l'assemblée, qui ne connaissait point le chevalier ?

Gauthier de Penneloz, malgré son double échec, n'avait renoncé complétement ni à son mariage ni à ses ambitieuses vues politiques ; seulement, il s'était ménagé, en cas de défaite nouvelle, une porte de derrière, et comptait vendre son appui au cardinal, pour quelque charge de haute importance. A ces divers projets, le retour de Julien faisait également obstacle : le chevalier, en effet, allait reprendre la première place dans la confrérie bretonne ; le crédit diminué du commandeur influerait sur son marché avec Son Éminence, et ferait baisser proportionnellement le prix de l'apostasie.

Gauthier de Penneloz, voyant tout ce que lui causerait d'embarras la présence de cet adversaire inattendu, et ne pouvant l'écarter violemment, essaya de trouver un biais ; il s'approcha de Rollan et s'inclina courtoisement.

— Mon noble cousin, dit-il, je vous salue.

Puis, se penchant à son oreille, il ajouta tout bas :

— Mon ami, il te faudra venir ce soir sans faute à l'hôtel de Kermel ; je t'attendrai.

Il fit un geste menaçant et péremptoire. Rollan ne sourcilla pas. Il avait rendu le salut du commandeur ; à ces derniers mots, il répondit par un froid sourire.

— Prends garde !... voulut dire Gauthier de Penneloz.

— Monsieur le commandeur, interrompit Rollan à haute voix, vous plairait-il de vous rendre ce soir à la demeure de messire Jean de Rieux, mon hôte ? Je vous attendrai.

Gauthier se mordit la lèvre ; mais, couvrant son dépit sous une apparence de cordiale familiarité :

— Mon cousin, cela me plaît, dit-il.

Et il reprit sa place sur les bancs de la noblesse.

Pendant cette scène, l'effervescence s'était entièrement calmée ; M. de Coëtlogon avait fait placer près de son fauteuil un siége pour M. le duc de Retz qui, bon gré, mal gré, dut se contenter de cette équivoque réparation. La séance commença. La présence du chef de l'association bretonne venait corroborer l'effet produit par la fière action de Jean de Rieux ; aux premiers mots prononcés par le lieutenant de roi, chargé de traduire la volonté du cardinal ministre, ceux qui tenaient pour la France durent voir que le vent avait tourné ; le nom du marquis de Pontchartrain, titulaire de la charge d'intendant de l'impôt, fut couvert par un cri universel de réprobation.

Hénon de Coëtquen, seigneur de Combourg, après avoir consulté le sire de Châteauneuf, s'élança à la tribune : il était fougueux parleur ; son discours fut un véhément et fort rude rappel aux termes du contrat d'Union ; sa péroraison, une menace formelle de résistance, au cas où le gouvernement de Sa Majesté persisterait dans son système d'envahissante oppression. En vain Albert de Gondi et autres voulurent rétorquer les arguments du noble Breton ; l'assemblée était en fièvre ; cent voix proposaient de voter par acclamation le renvoi de l'intendant royal. Jean de Rieux et le chevalier d'Avaugour restaient seuls calmes au milieu du tumulte général. Enfin ce dernier se leva.

— Messieurs, dit-il, point de vote ; le silence.

Cette hautaine parole fut accueillie par l'enthousiasme de tous ; l'assemblée se sépara sans qu'il fût possible de mettre aux voix la réception de M. de Pontchartrain. En cette réunion mémorable, le génie de l'indépendance bretonne s'était montré si puissant, que les plus indécis se rallièrent au drapeau de la confrérie; MM. de Retz et de Pontchartrain partirent le jour même, afin de porter leurs plaintes à la cour. En montant à cheval, M. de Retz promit de revenir sous peu, avec ce qu'il faudrait de mousquetaires pour mettre à la raison *ces entêtés bavards,* messieurs des états.

V

L'ENTREVUE

Le soir, Gauthier de Penneloz fut fidèle au rendez-vous. Il trouva Rollan qui l'attendait dans une salle de l'hôtel d'Acigné appartenant aux aînés de Rieux. Le courrier, après avoir fermé lui-même les portes de sa retraite, montra du doigt un siége à son visiteur.

— Sommes-nous seuls? demanda celui-ci. Je ne voudrais pas, dans votre intérêt qu'il y eût ici personne aux écoutes.

— Lequel de nous deux craint l'oreille des curieux, M. le commandeur? dit Rollan au lieu de répondre.

— Il n'est pas vraisemblable que ce soit moi, qu'en dites-vous, mon très-cher cousin d'Avaugour ! s'écria Gauthier en riant.

Çà, maître, continua-t-il en se jetant dans un fauteuil, trêve d'effronterie, je vous conseille ; jouer votre rôle devant moi serait peine superflue ; je sais qui vous n'êtes point, sinon qui vous êtes... n'avez-vous pas peur, dites-moi, que messire Julien ne vienne vous demander compte de cette comédie ?...

— Je n'ai garde ! interrompit Rollan, dont les sourcils se froncèrent.

Le commandeur fit un geste de surprise.

— Hélas ! dit-il avec une feinte tristesse, il est vrai que mon malheureux parent est, suivant toute apparence, dans un lieu d'où l'on ne revient guère. Pourtant, il serait possible...

— Non, dit Rollan.

— Comment! s'écria le commandeur en pâlissant; sauriez-vous ce que tout le monde ignore ?

Le courrier ne répondit point. Gauthier honteux de l'avantage que prenait invinciblement sur lui cet homme qu'il avait compté terrasser d'une parole, s'efforça de retrouver son assurance.

— Et moi, reprit-il avec un sourire railleur, n'avez-vous pas peur que je parle ?

— Non, dit encore Rollan.

— Sur Dieu, vous êtes hardi, mon compagnon ! si l'audace suffisait à donner noblesse, vous seriez un puissant seigneur pour tout de bon. Par malheur, il n'en est point ainsi. Ecoutez, je devine ce qui vous donne, à cette heure, tant d'impudence : ce matin, dans la salle des états, pour une cause à moi connue, je me suis tu ; mais demain...

— Demain, vous vous tairez encore, Gauthier de Penneloz !

Celui-ci se leva et parcourut la chambre d'un regard inquiet. Ce mot, dans la bouche du faux chevalier d'Avaugour, lui semblait n'avoir d'autre sens possible qu'une menace de violence.

— Nous sommes sous le toit de Jean de Rieux, reprit Rollan avec froideur : je suis sans armes ; vous avez votre épée, rassurez-vous, monsieur le commandeur.

— Maître, dit Gauthier de Penneloz, qui ne pouvait plus contenir son trouble, il est en tout ceci un mystère dont il me faut l'explication, à l'instant même !

— Vous dites vrai, monsieur le commandeur ; il est en tout ceci un mystère ; naguère vous étiez seul à le connaître ; peut-être le sais-je, moi aussi, maintenant.

Gauthier restait debout, l'œil fixe, la respiration pressée ; la sueur perçait en gouttelettes, sur son front pâle et plissé ; Rollan, calme, impassible, le toisait d'un regard sévère et semblait savourer sa détresse morale.

— Quoi que tu saches, dis-le ! s'écria enfin le commandeur.

— Je suis ici pour cela, messire. Écoutez et veuillez ne point m'interrompre. Je me nomme Rollan, je suis courrier de mon métier...

— Passe ! que m'importe ton métier ! dit le commandeur avec violence.

— Cette profession, continua lentement Rollan, m'oblige à voyager de nuit parfois. Un soir...

— Manant ! s'écria Gauthier de Penneloz dont la curiosité exaltait la colère ; trêve de paroles inutiles! oses-tu bien te railler de moi! que sais-tu?

— Un soir, reprit le courrier sans tenir compte en aucune manière de cette brutale interruption, un soir, je m'arrêtai au bourg de Hédé ; il y a de cela un an. Vers onze heures de nuit, voyant la lune brillante et le ciel serein, il me prit désir de me remettre en route. J'allais à Bécherel ; pour ce faire, vous savez, messire, qu'il faut couper la montagne de Goëllo. L'air était frais ; je cheminais gaîment, contemplant le manoir des comtes de Vertus, dont les tours sombres ressortaient sur l'azur argenté du firmament. Tout à coup, au moment où je dépassais le château, un bruit de chaînes retentit : le pont-levis grinça sur sa charnière rouillée ; un cavalier parut... Ne m'interrompez pas, messire... C'était un jeune seigneur de noble mine, qui sortait, comme il était entré, sans suite, confiant aux saintes lois de l'hospitalité. J'entendis dans l'ombre le bruit d'une accolade ; une voix prononça sur le seuil un cordial *au revoir*... C'était votre voix, Gauthier de Penneloz... Déjà l'hôte de Goëllo avait franchi la moitié du pont, lorsque sa monture se cabra subitement ; le cavalier piqua des deux ; ce fut en vain : hasard ou perfidie, plusieurs planches avaient été enlevées. J'allais m'élancer au secours, lorsqu'un homme, quittant l'ombre de la voûte, se montre à découvert... C'était vous, je vous reconnus. Je vis briller en votre main la lame d'une épée ; le cheval bondit en avant ; parce que le fer s'était enfoncé dans sa croupe : monture et cavalier disparurent ensemble dans l'abîme. — A ce moment, votre noble pupille, Reine de Goëllo ouvrit sa fenêtre et agita en l'air une écharpe blanche. Elle parcourait des yeux le tertre, cherchant le chevalier son époux.

— Quoi ! tu sais aussi cela ! dit le commandeur stupéfait.

— Je sais beaucoup de choses, répartit Rollan dont la voix tremblait d'émotion à ces douloureux souvenirs ; il ne faut plus menacer M. le commandeur : Julien d'Avaugour ne reviendra pas, parce qu'il est mort ; vous vous tairez, parce que vous êtes son assassin, et que je fus le témoin de votre crime. Or vous seul pourriez parler : je n'ai donc rien à craindre.

Gauthier de Penneloz avait prévu cette conclusion, mais il ne l'attendait pas si nette, peut-être, ni si rigoureuse. Tandis qu'il écoutait le courrier, son esprit s'était partagé entre le récit et les mesures à prendre pour combattre utilement le péril ; d'abord il avait songé à nier, mais son attention s'était ensuite concentrée tout entière sur cette circonstance, qui pouvait porter à son projet favori le coup le plus funeste : Rollan connaissait le mariage de Reine de Goëllo avec Julien d'Avaugour.

Il fut longtemps avant de reprendre la parole ; voyant le danger dans toute son imminence, il fit enfin un appel désespéré à sa fermeté d'âme, et réussit à grand'peine à prendre le dessus.

— Voilà tout ? demanda-t-il en mettant le poing sur la hanche comme qui a pris son parti, et que rien désormais n'arrêtera plus.

— N'est-ce point assez ? dit Rollan.

— C'en est assez pour perdre le vilain qui a osé menacer un noble homme ! reprit Gauthier avec son plus arrogant sourire. Qui croira le courrier Rollan quand Penneloz lui dira : Tu as menti ?

— L'oseriez-vous donc, messire ?

Le commandeur, au lieu de répliquer, se dirigea vers la porte, faisant sonner sur les dalles le talon de ses bottes éperonnées. Jamais il n'avait porté plus haut la tête :

— Mon compagnon, dit-il, quand il eut dépassé le milieu de la vaste pièce, laissant Rollan immobile à l'endroit même où s'était engagé et poursuivi l'entretien : ne vous inquiétez point, j'ai sauté en ma vie des fossés plus larges que celui-là. Fiez-vous à moi, vous êtes en bonnes mains ; je vous engage ma parole que justice sera faite : justice prompte et entière. A vous revoir !

Il accompagna ces mots d'un geste ironique et menaçant. Rollan le suivit du regard jusqu'au seuil ; au moment où le commandeur posait le doigt sur le verrou, Rollan desserra les lèvres et prononça tout bas :

— Demeurez, je vous prie.

Sur ces mots, le commandeur s'arrêta et regarda Rollan qui souriait avec calme, et qui ajouta très-doucement :

— Gauthier de Penneloz, je crois que nous ne nous entendons pas.

Le commandeur revint aussitôt; il était triomphant. Pour lui, ceci était une capitulation. Il voyait déjà Rollan à ses pieds, implorant son aide, et se demandait s'il ne valait pas mieux profiter de la détresse de cet homme pour s'en faire une créature, que de l'écraser tout à fait.

— Que veux-tu m'apprendre encore, mon compagnon? demanda-t-il d'un ton radouci. On peut s'entendre en effet, à condition que tu te montres raisonnable.

Rollan répondit :

— Je n'ai plus rien à vous apprendre; je veux seulement vous faire souvenir, car votre mémoire me semble courte. Avez-vous donc oublié déjà que, par le fait, c'est Rollan le courrier qui a disparu dans le gouffre de Vertus. Paix soit à ce pauvre homme. Il n'y a plus ici de vilain que vous puissiez réduire au silence à votre guise. Nous sommes tous deux égaux, tous deux gentilshommes, tous deux prétendants à l'héritage de Bretagne : moi, Avaugour, vous Penneloz!

— Pauvre fou! dit le commandeur avec un suprême dédain.

— Je me trompe en effet, reprit Rollan; il est entre nous deux une différence notable: Avaugour est puissant parce qu'il est respecté. Faut-il mettre les points sur les i et vous dire pourquoi Penneloz est faible?

— Sur ma parole, s'écria Gauthier en essayant de rire, voici notre situation respective merveilleusement définie!... Mon compagnon, tu es habile charlatan, et sais tirer bon parti d'un pitoyable jeu. Intrépide et rusé comme tu parais l'être, je ne donnerais pas un écu tournois de ma partie, si tu possédais seulement l'ombre d'un titre sérieux pour appuyer le roman que tu as arrangé dans ta tête...

Gauthier s'interrompit ; et brusquement sa physionomie se rembrunit parce que Rollan avait glissé la main sous le revers de son pourpoint.

— Mais c'est folie de craindre, poursuivit le commandeur en reprenant son sourire. Tu n'as pas de titres... tu ne peux pas avoir de titres. Nous n'avons point à feindre l'un vis-à-vis de l'autre puisque tu sais tout. Ce soir-là, le soir où tu vis de si intéressantes choses au clair de la lune sur le pont-levis du château de Goëllo, mon infortuné cousin, Julien d'Avaugour portait sur lui, selon sa coutume, tous ses parchemins dans leur étui, je le sais, j'en suis sûr, il me les montra. Dieu seul ou Satan pourraient les aller prendre à l'endroit où ils sont maintenant. Tu as beau payer d'effronterie...

Il n'acheva pas; sa bouche resta béante et convulsivement agitée; Rollan avait retiré sa main de son pourpoint, et montrait l'étui de métal trouvé dans les vêtements de Julien d'Avaugour. D'un coup d'œil le commandeur reconnut cet objet; un blasphême sourd s'étouffa dans son gosier; il frissonna de tous ses membres.

— Qui t'a donné cela? s'écria-t-il en s'élançant pour saisir l'étui.

Rollan le repoussa et fit jouer le ressort.

— Voilà mes titres, dit-il. Voilà les titres d'Avaugour!

— Réponds! s'écria encore Gauthier de Penneloz, qui lui saisit violemment le bras, est-ce lui qui t'a donné cela! Est-ce lui? Julien, est-il donc revenu?

Rollan secoua la tête et répondit :

— Il est mort.

— Alors, tu as le pouvoir d'un démon! murmura le commandeur dont l'esprit était en proie à la confusion la plus complète.

— Voici même, reprit Rollan en choisissant un parchemin parmi les autres, voici l'acte qui me donne et confère, au nom de la confrérie, le titre de connétable de Bretagne.

Ces derniers mots semblèrent frapper le commandeur comme un trait de lumière. Sa physionomie s'éclaira, bien qu'il fît effort pour cacher sa joie soudaine ; les rides de son front disparurent ; tous ses traits, bouleversés naguère, reprirent instantanément une apparence de calme diplomatique.

— Quoi! demanda-t-il, les lettres patentes aussi?

Rollan déplia le parchemin ; le commandeur

le parcourut en affectant une grande curiosité.

— En effet, dit-il en prodiguant les marques du plus vif dépit, c'est bien cela ! l'acte est authentique ; voici jusqu'à ma propre signature parmi les autres ! Maître, de quelque source que vous teniez ces titres, leur possession vous met dans une position presque inexpugnable, je suis trop franc pour nier cela ! Je suis soldat, je passe pour brave, mais le vrai courage ne consiste pas à lutter contre l'impossible, vous avez là de trop fortes armes ! Tout à l'heure, je vous croyais échec et mat, mais c'est moi qui compte les cases de l'échiquier en définitive, et je vous demande à capituler honorablement.

Il disait ces choses avec une sorte de gaieté mélancolique, à la manière de ceux qui font contre fortune bon cœur.

Puis, donnant à sa voix des inflexions de franche bonhomie, il ajouta:

— Mon camarade, vous comprenez bien que je ne pouvais deviner cela? Et pourtant, voyez le pressentiment: Aux États, je me suis tu, n'est-ce pas une providence? Je ne donnerais pas pour dix mille pistoles la bonne chance que j'ai eue de me mettre ainsi dans votre jeu. Séparés nous pouvions nous entre-nuire; une fois que nous serons réunis, rien ne nous résistera. Les partisans d'Avaugour et de Penneloz forment la majorité des états comme celle de la population; sans savoir même quels sont vos projets, je vous propose mon aide et mon amitié. Peut-on mieux faire?

Rollan garda le silence. Le commandeur, croyant qu'il hésitait, ôta son gant et lui tendit la main en disant rondement.

— Allons-y mon camarade, ne vous gênez pas, touchez-là! c'est de bon cœur.

Le courrier recula d'un pas.

— Gauthier de Penneloz, dit-il d'une voix grave en se dressant de toute sa hauteur, étant en péril de mort, j'ai juré que, si Dieu me prêtait vie, Julien d'Avaugour, mon seigneur et mon frère, serait vengé. Je tiendrai mon serment, je vous en préviens en toute loyauté. Mais présentement, comme l'heure de justice n'est pas venue et que j'ai un autre devoir plus pressant à remplir, il me plaît d'accepter une partie de vos offres. Entre nous deux, il ne peut jamais y avoir de paix, entendez-vous, jamais. Guerre ou trêve! Je vous donne à choisir entre la guerre immédiate, sans merci, ou la trêve loyalement observée jusqu'au jour où l'un de nous dira : c'est assez.

Un sourire erra sur la lèvre du commandeur.

— La trêve! s'écria-t-il avec empressement ; contre un ennemi tel que vous, mon cousin, la guerre vient toujours assez tôt. Je choisis la trêve.

Ce fut tout. Les deux interlocuteurs marchèrent ensemble vers la porte ; sur le seuil, le commandeur s'inclina et dit avec une gaîté feinte, qui dissimulait assez bien sa haineuse et narquoise arrière-pensée :

— Si nul autre que moi, désormais, ne vous conteste votre qualité, vous mourrez chevalier d'Avaugour, messire Rollan Pied-de-Fer... Je prie Dieu qu'il vous garde.

Quelques secondes après, enfourchant son cheval, qu'un page tenait en bride à la porte extérieure, Gauthier ajoutait à part lui :

— Merci pour ta trêve, insolent valet ! En récompense, je veux te garder ma parole ; il ne tiendra pas à moi que tu ne meures Avaugour, et sous peu ! Je vais m'occuper de tes affaires.

A peine de retour à son hôtel, le commandeur, sans perdre le temps à faire préparer ses équipages, donna quelques ordres concernant Reine de Goëllo, et partit pour Paris, suivant les traces de MM. de Gondi et de Ponchartrain, dont la retraite ressemblait à une déroute.

Pendant les quelques jours qui suivirent, Rollan ne manqua pas d'assister aux séances des états où il acquit une prépondérante influence : cette période fut marquée par plusieurs mesures vigoureuses prises par l'assemblée, dans l'intérêt de la conservation des franchises bretonnes. Nous n'exprimons point ici notre avis sur ces priviléges provinciaux dont on trouve la raison d'être dans l'histoire même des moyens employés pour établir l'unité française, mais qui contribuèrent d'une façon si funeste à miner le pouvoir royal. Nous racontons, voilà tout. Ceux qui attribuent à Voltaire et à Rousseau les premiers semis de l'idée révolutionnaire sont sans doute de bonne foi, mais le proverbe voit plus loin qu'eux, et plus clair: L'État, de même que l'homme, n'est jamais trahi que par les siens.

Bientôt Rollan, connu de tous sous son nom d'emprunt, dut perdre toute inquiétude; la grande notoriété publique qu'il s'était acquise, jointe à l'existence entre ses mains de titres incontestables, mettait son « usurpation d'identité » à l'abri de toutes attaques. Jean de Rieux lui-même, revenant par impossible sur son assertion première, et niant l'identité du prétendu chevalier d'Avaugour, eût trouvé, malgré sa renommée de véracité scrupuleuse, plus de contradicteurs que d'adhérents. La case laissée vide par la mort de Julien était remplie : L'association bretonne avait un chef, et ce chef, à cause de sa modération même, devait tenir tête longtemps au gouvernement royal.

VI

LA DAME D'AVAUGOUR

Reine de Goëllo attendait toujours le retour du chevalier, son époux. Au temps où Gauthier de Penneloz espérait encore une décision favorable de la cour de Rome, touchant l'annulation de ses vœux, il s'était mis ouvertement sur les rangs comme prétendant à la main de sa pupille. En faisant sa demande, il avait exprimé de vagues inquiétudes sur le sort de celui qu'il appelait son noble ami et cousin et donné à entendre qu'il le regardait comme décédé, mais Reine avait repoussé bien loin ce qu'elle croyait être un grossier mensonge. Sa tendresse était profonde et sincère ; le temps avait peine à tuer son espoir.

Les semaines et les mois s'étaient écoulés : il y avait maintenant plus de deux années que Reine espérait la venue de son époux, l'attendant toujours d'heure en heure. Elle connaissait assez le noble cœur de Julien pour ne point redouter son inconstance. Elle se réfugiait dans le peu qu'elle savait du mystère de sa vie. Sans doute il était retenu loin d'elle par de grands intérêts, prisonnier peut-être et empêché de lui donner de ses nouvelles. M. le cardinal ne passait point pour sanguinaire, mais il n'avait pas non plus la réputation d'être un ennemi scrupuleux. Et qui sait? Julien qui n'ignorait point le caractère déloyal du commandeur, attendait-il tout uniment sa majorité à elle, Reine, pour reparaître, parler haut et déclarer publiquement le mariage secret.

Quoi qu'il en soit, à mesure que le temps passait, l'inquiétude et la tristesse entraient dans le cœur de Reine. Deux ans ! Est-il un cachot si profond d'où l'on ne puisse parler ou écrire à ceux qu'on aime ? surtout quand il s'agit de donner à une jeune mère des nouvelles de son fils ?

Reine avait un fils qu'elle n'avait embrassé qu'une seule fois, qu'était-il devenu ce cher enfant qui occupait une si grande place dans la pensée de Reine ?

Lors de sa très-courte visite au château de Goëllo, qui ne s'était jamais renouvelée, le chevalier Julien d'Avaugour avait parlé de l'enfant qu'il aimait passionnément, on peut dire que Reine et lui n'avaient parlé que de l'enfant : le nom d'Arthur était sans cesse sur leur lèvres. Mais tout cela était si loin : Reine avait un naturel vaillant, mais elle était mère ; elle souffrait le martyre.

Il y avait une circonstance étrange : Rollan Pied-de-fer lui-même, l'ami fidèle, infatigable, qui servait jadis de messager aux deux époux, avait aussi disparu pour Reine, et cela, dès l'époque où Julien d'Avaugour s'était montré pour la première et la dernière fois en Bretagne. Depuis lors, il est vrai, elle avait presque toujours habité Rennes, où le commandeur de Kermel avait fixé sa résidence, après l'assemblée générale des Frères Bretons, tenue au manoir des comtes de Vertus

C'est en ce manoir, dont la douve servit de lieu de scène aux premiers événements de notre histoire, que nous allons rejoindre la jeune femme de Julien d'Avaugour ; le commandeur, en partant pour Paris, avait choisi, pour l'y reléguer le château de Goëllo, non point parce qu'il faisait partie de son propre patrimoine, mais parce qu'il était entouré de remparts et fortifié comme une prison. Seule avec ses femmes et Baër, le vieux concierge, elle passait ses jours dans la tristesse, à peine soutenue par un reste d'espérance qui allait sans cesse diminuant. Un soir qu'elle était à sa fenêtre, rêvant, comme d'habitude, au temps de son bonheur, elle entendit un bruit dans le feuillage, au-delà du saut de Vertus : un homme sortit de l'ombre, se découvrit et agita son feutre.

Reine poussa un cri, et se rejeta en arrière, la main sur son cœur pour en contenir les battements : elle avait cru reconnaître Julien d'Avaugour.

Elle appela ses femmes à grands cris pour

ordonner qu'on baissât le pont-levis toujours relevé.

Baër hésita; il avait reçu du commandeur ordre formel de tenir le château fermé à tout venant; mais un geste impérieux de sa maitresse fit taire ses scrupules. Le vieillard eut peur, tant il y avait de soudaine autorité dans la pose de la jeune femme, de puissance hautaine et irrésistible dans son regard : à l'occasion, ce mâle sang des souverains de Bretagne se révélait sous la guimpe d'une demoiselle, comme sous le haubert d'un chevalier.

Le pont-levis fut baissé : Rollan franchit le seuil, et Reine qui reconnut son erreur, s'écria :

— Ce n'est que vous.

— Madame, répondit Rollan qui portait un fardeau sous son manteau, il faut que je vous parle sans témoin.

Reine éloigna aussitôt ses femmes.

Mais avant de dire ce qui se passa entre elle et le courrier, il nous faut reculer de quelques heures en arrière.

Rollan arrivait de Rennes où il poursuivait son œuvre avec une inébranlable persévérance. Ayant jugé ce que nous appelons son identité suffisamment établie aux états, il avait pris vacances, pour se rendre au bourg de Hédé, dans la maison d'Anne Marker, où était l'enfant Arthur. Là, le premier visage qu'il rencontra fut celui de Corentin Bras, son adversaire dans le duel nocturne du saut de Vertus. Le rustre recula, ébahi en le voyant vêtu comme un prince.

— Vivant... et gentilhomme ! s'écria-t-il en se signant.

— Chut ! dit Rollan, qui mit un doigt sur sa bouche. J'ai vu d'étranges choses dans les entrailles de la terre, mon camarade, et parmi d'autres recettes, celui dont on ne dit point le nom, m'a enseigné le moyen de faire taire les gens qui se souviennent de trop loin.

— Monseigneur! balbutia Corentin épouvanté, je serai muet.

— Va-t'en, et ne reviens point tant que je serai dans cette maison.

Corentin s'éloigna aussitôt, mais il se retourna maintes fois pour jeter un regard curieux et craintif sur ce manant que l'enfer avait fait grand seigneur. Le lendemain, on se répétait dans le bourg de Hédé une histoire de plus, touchant la tradition du saut de Vertus. Plus d'un jeune gars se promit de tenter quelque jour l'aventure, pour gagner lui aussi, une brillante épée et un pourpoint de velours.

Il y eut entre Rollan et Anne une scène courte et douloureuse. La jeune fille avait agi vis-à-vis de Corentin comme Reine avec le commandeur de Kermel ; elle avait traité de fable le récit de Corentin, et attendait toujours celui qu'elle croyait son fiancé. A sa vue, elle se précipita, rouge de bonheur ; puis elle s'arrêta confuse et indécise : ce riche costume l'effrayait.

— Anne, dit Rollan, je viens chercher l'enfant que je vous confiai autrefois.

— Le chercher, répéta la jeune fille ; vous venez le chercher !

Comme Rollan gardait le silence, elle baissa la tête ; une larme vint se suspendre aux longs cils de sa paupière.

— L'enfant est ici, reprit-elle ; ma mère et Corentin voulaient l'exposer à la charité des passants ; moi, j'aurais mieux aimé mourir !

Le courrier fit un pas vers elle.

— Anne, je vous remercie, dit-il ; je savais que vous étiez une bonne et généreuse fille.

Au geste de Rollan, Anne avait tendu sa main ; ces froides paroles la glacèrent jusqu'au fond du cœur.

— Le temps presse, reprit le courrier : je n'ai point le loisir de m'arrêter.

— Oh ! pourquoi vous ai-je vu ! s'écria la jeune fille, dont les sanglots éclatèrent ; pourquoi vous ai-je vu, vous qui deviez m'oublier sitôt !

Rollan se détourna pour cacher son trouble. Dans sa vie solitaire nulle ne lui avait témoigné pareil attachement, et comme il était bon, la pensée de briser un bon cœur le navrait.

— Je n'ai rien oublié, dit-il ; Dieu m'est témoin que je ne vous ai point trompé ; mais je ne m'appartiens plus.

— Appartenez-vous à une autre ! murmura la pauvre jeune fille en tombant sur un siége.

— Je ne m'appartiens plus ! répéta Rollan avec effort.

Anne trouva dans sa fierté la force de se relever.

— Je vais chercher l'enfant, dit-elle.

Rollan la suivit du regard ; quand il fut seul, un soupir souleva sa poitrine.

— Ayez pitié de moi, mon Dieu ! murmura-t-il ; je vivrai seul.

Puis, recevant l'enfant des mains de la jeune fille qui revenait, il prit en silence le chemin de la porte. Sur le seuil, il se retourna :

— Anne, dit-il d'une voix brisée, nous ne devons plus nous revoir sur cette terre. Priez pour moi et ne me maudissez pas. Dieu m'a imposé une rude tâche, et je n'ai que les forces d'un homme... Soyez heureuse, ma fille. Adieu !

L'instant d'après on entendait son pas précipité sur la pelouse de la cour. Anne se pencha pour saisir un dernier bruit : on n'entendait plus rien.

— C'est bien lui, pourtant ! s'écria Corentin en se montrant tout à coup derrière la porte où il s'était caché durant cette scène : il n'y a point au monde d'autre homme que Rollan Pied-de-Fer pour courir comme cela... Le diable n'aura pas voulu de lui.

Rollan prit en effet sa course au seuil de la maison d'Anne Marker, et ne s'arrêta que sur le tertre de Goëllo. Il avait cru tromper ainsi son émotion ; mais lorsqu'il franchit le pont-levis, la sueur qui baignait son front n'était point le produit de la fatigue. Quand les femmes de Reine se furent éloignées, il entr'ouvrit son manteau et mit un genou en terre, prenant dans ses mains le fardeau qu'il portait.

— Madame, dit-il, voici votre enfant.

Il déposa le jeune Arthur endormi dans les bras de sa mère. Celle-ci, d'abord tout entière à la joie, couvrait son fils de baisers.

— Comme il lui ressemble! disait-elle en extase, comme il est beau !

Elle ne pouvait se lasser de contempler ce cher et vivant portrait de Julien, son mari.

Puis, se rapprochant vivement de Rollan, qui la regardait en silence, elle ajouta :

— Et lui? quand dois-je le revoir? ai-je pu tarder si longtemps à vous faire cette question.

Le courrier secoua tristement la tête.

— Puisse l'enfant toujours vous tenir lieu du père, murmura-t-il.

Et comme les beaux yeux de Reine l'interrogeaient avec épouvante, il ajouta :

— Remerciez Dieu, madame, dont la misericorde vous a gardé cette précieuse consolation.

Reine ne comprit pas tout de suite ; elle ne voulait pas comprendre.

Mais enfin, son regard se voila, et une pâleur livide se répandit sur ses traits comme si tout le sang de son corps se fut retiré. Elle fit effort pour parler, sa voix restait dans sa gorge.

— Mort? demanda-t-elle enfin si bas que Rollan eut peine à l'entendre : il est mort !

— Assassiné, Madame, oui, répondit-il.

Reine chancela et tomba évanouie.

Une heure après, la dame d'Avaugour était demi-couchée dans un vaste fauteuil ; ses yeux restaient encore pleins de larmes. Debout devant elle se tenait Rollan ; il parlait avec respect, mais d'une voix ferme et pressante.

— Maître, je ne puis approuver cette audacieuse folie, dit enfin Reine avec fierté ; l'héritier d'Avaugour et de Goëllo n'achètera point, de mon aveu, à un prix si extravagant la protection d'un vassal tel que vous. Il m'étonne que vous ayez pu concevoir un instant l'espérance de me faire la complice d'une pareille entreprise.

Le rouge monta au front de Rollan qui fit effort pour retenir une parole prête à jaillir de ses lèvres.

Quand il eut pris le temps de se recueillir, il dit avec un respect empreint de tristesse :

— Madame, je sais le peu que je suis, ce serait de ma part un condamnable orgueil que de vous dire : Je pardonne ; pourtant, je ne mérite point votre insulte. Il y a près d'ici une pauvre âme qui souffre et m'appelle, m'accusant d'avoir brisé sa vie. C'est une douce et pure jeune fille qui a servi de mère à votre enfant, et que la calomnie n'a point épargnée. Vous lui devez de la reconnaissance, madame ; moi, je lui devais davantage, et peut-être que je suis bien las d'être toujours seul sur cette terre où chaque créature a quelqu'un à aimer. Pourtant, ce soir, je lui ai dit adieu pour jamais... à cause de vous, madame, à cause de votre fils, à cause du souvenir de mon maître qui m'appelait son ami... J'ai fait serment : j'ai juré que Julien d'Avaugour serait vengé et que l'enfant Arthur aurait son héritage... Madame, c'est à cela que je travaille et je ne travaille qu'à cela. Il faut que mon œuvre s'achève et que mon serment soit tenu. Je le veux !

— Mais vous n'y pensez pas, maître ! dit Reine ébranlée par la persistance solennelle du courrier ; et par l'autorité de son accent ; moi, la veuve d'Avaugour, la fille de Goëllo, l'héritière de Bretagne, que je consente à prendre pour époux...

— Moi ! interrompit Rollan non sans quelque amertume : A Dieu ne plaise, Madame ! vous ne m'avez pas compris. Oh ! vous pouvez avoir confiance en moi, qui fus l'humble frère du chevalier pendant sa vie, qui lui donnai, je puis le dire tous mes jours, et qui, après sa mort, pardon pour cette parole, Madame, lui donne encore mon repos, mon espoir, mon bonheur peut-être, car je l'ai dit et je le répète : je veux, que sa femme soit une heureuse mère, je veux que son enfant, devenu homme, soit un puissant prince, un breton loyal et un vrai chevalier. Il est temps de parler autrement que par énigmes, Madame : Ecoutez-moi et jugez-moi :

Ici Rollan répéta devant Reine avec de plus amples explications, ce qu'il avait dit à Jean de Rieux, la veille de la première séance des états. L'effet fut le même : à mesure qu'il parlait, le visage de la jeune femme s'éclaircissait et s'animait de plus en plus.

— Rollan, dit-elle enfin, je vous prie de me pardonner ; vous êtes un généreux serviteur, vous êtes un fidèle ami ; agissez pour le mieux ; je mets ma personne et celle de mon fils à votre garde.

— Merci, merci, ma noble dame ! s'écria Rollan, qui fléchit de nouveau le genoux. Notre ennemi est fort, mais le ciel est pour nous, puisqu'il me donne votre confiance ; l'écusson d'Avaugour sera relevé, j'en suis sûr, Dieu me le dit !

Gauthier de Penneloz, pendant cela, ne perdait point son temps. A peine arrivé à Paris, au lieu de se mettre en quête de MM. de Retz et de Pontchartrain, il se rendit immédiatement auprès du cardinal-ministre. Dans l'antichambre, il rencontra M. de Retz qui sortait fort mécontent du cabinet : il avait demandé tout uniment des troupes pour mettre messieurs des États à la raison, et Son Eminence avait accueilli cette ouverture par le refus le plus péremptoire. Il s'agissait bien en vérité du parlement breton ! Celui de Paris faisait aussi des siennes ; en ce moment, M. le cardinal avait plus d'occupations qu'il n'en fallait pour oublier les récalcitrants d'une demi-douzaine de provinces ; s'il eût, par hasard, possédé des soldats de reste, la Fronde, bête folle, à cent têtes rieuses et biscornues qui se faisait de plus en plus intraitable, lui aurait sur-le-champ fourni les moyens de les utiliser.

Le propre neveu de M. le duc de Retz, Jean-François de Gondi, si fameux depuis sous le nom de cardinal de Retz, remuait alors Paris de fond en comble en société avec M. de Beau fort, en guerre avec M. le prince, et M. de Bouillon, et M. de Longueville et toute une cohue de grands seigneurs encanaillée avec toute une séquelle de robins : si bien que Son Eminence en perdait la tête. Et de fait le diable lui-même y eut jeté sa langue aux chiens. Tous ces gens-là vivaient au vent et grinçaient du soir au matin comme une collection de girouettes, et quoique les révolutionnaires en fussent encore à l'enfance de leur art égoïste et rapinier, ils tiraient tous assez bien déjà leur épingle du jeu aux dépens de la France.

Cette pauvre France a toujours aimé qui la pille ; et ce goût national du peuple le plus spirituel de l'univers n'a fait que croître et embellir depuis le temps.

M. le duc de Retz salua en passant le commandeur de Kermel qui était son compère et lui raconta en peu de mots le résultat malheureux de son audience, après quoi, il gagna au pied en lui jetant ce souhait ironique.

— Monsieur mon cousin, je vous désire meilleure chance, mais je ne l'espère pas.

Gauthier de Penneloz pourtant ne se découragea point et fut introduit à son tour ; le ministre le reçut d'un air froid ; mais dès les premiers mots, la physionomie de Son Eminence changea brusquement ; un sourire satisfait vint se poser sur sa lèvre et ne la quitta plus.

C'est que, au lieu d'une armée, Gauthier de Penneloz ne demandait qu'un ordre de la cour et quelques sergents ; il ne s'agissait plus avec lui de combattre une province rebelle, mais d'arrêter un coupable de haute trahison. Le coupable était Julien d'Avaugour ; les preuves ne manqueraient pas pour motiver son arrestation, et, au besoin, faire tomber sa tête ; le chevalier d'Avaugour portait sur sa personne un acte, signé des principaux mécontents, qui l'instituait chef d'une ligue formée pour arracher la Bretagne à la légitime domination de Sa Majesté Très-Chrétienne.

Gauthier donna les détails les plus précis sur l'organisation et les forces des Frères Bretons, et appuya principalement sur cette circonstance que, Julien mort, la confrérie tomberait d'elle-même.

Il ne s'arrêta pas là ; passant à cette question insoluble en apparence, l'intronisation d'un administrateur de l'impôt, Gauthier prétendit avoir un expédient infaillible pour faire évanouir la difficulté. Le cardinal accueillit cette annonce avec un plaisir évident ; la Bretagne, jusqu'alors, avait été pour la couronne une sorte de nue propriété ; or, le gouvernement du roi avait plus que jamais besoin d'argent. Gauthier entra dans une argumentation détaillée et suffisamment plausible, d'où il résultait que les intendants royaux étaient repoussés surtout parce que Sa Majesté faisait choix systématiquement, pour occuper cette charge, de gens étrangers à la province.

— Que votre Eminence choisisse un Breton, dit le commandeur en terminant, et je lui réponds du succès. Assurément l'idée ne vous viendrait point d'offrir une pareille charge à quelqu'un de ma qualité, mais mon dévouement pour le roi est si grand que je ferai taire ici ma légitime fierté. Et je proclame d'avance que j'accepterais pour peu que cette mesure eût l'agrément de votre Eminence.

Le cardinal eut son sourire à l'italienne. Depuis le début de l'entrevue, il voyait très-bien où le commandeur en voulait venir ; il est probable pourtant que ce choix rentrait pour un peu dans ses vues et servait pour un peu quelqu'un de ses projets, car il prolongea très-gracieusement l'audience, et Gauthier de Penneloz, quand il sortit, avait le front tout radieux.

Cependant, avec ce grand ministre dont les romanciers et les hommes de théâtre ont tracé des caricatures presque aussi nombreuses et aussi bien réussies que leurs fameux portraits du roi Louis XI avec son chapeau entouré de saints de plomb, il y avait souvent assez loin de la coupe aux lèvres, c'est-à-dire, de la promesse à l'exécution. Un temps fort long se passa que Gauthier de Penneloz employa, selon ses goûts, à mener joyeuse vie. La cour ne niait nullement l'engagement pris. Mais le résultat ne venait point.

Enfin, après plus d'une année, un beau matin, M. le commandeur de Kermel put plier bagages et partit en compagnie de M. le duc de Retz qui avait, lui aussi, obtenu satisfaction. Ils étaient tous les deux en fort heureuse humeur, ayant licence dûment cachetée de prendre sur leur route portion des sergenteries des sénéchaussées d'Anjou et de Normandie, voire même quelques troupes des garnisons voisines de la frontière bretonne.

M. le commandeur avait en outre dans son porte-manteau de voyage la commission régulièrement scellée d'intendant royal pour la province de Bretagne.

Cette charge d'intendant, beaucoup plus considérable que son titre ne semble l'indiquer, était une magistrature assez haute puisqu'elle comportait le droit de vérification dans tout cas de noblesse contestée : ceci à cause du Statut qui exemptait les nobles hommes de l'obligation de payer tailles.

Maître Rollan Pied-de-Fer n'avait qu'à se bien

tenir sous le pourpoint de Julien d'Avaugour.

Nos deux seigneurs allaient gaiement ne doutant point du succès de leur caravane et savourant d'avance avec grande joie la prochaine confusion de leurs adversaires.

A leur arrivée à Rennes, ils trouvèrent, ou du moins Gauthier de Penneloz, le nouvel intendant trouva une nouvelle qui modéra sensiblement son allégresse.

La veille, avait eu lieu à l'église cathédrale de Saint-Mélaine, une solennelle cérémonie : des noces magnifiques auxquelles toute la ville avait assisté ; les états de Bretagne ayant soustrait d'autorité à la tutelle illégale du commandeur de Kermel l'héritière des comtes de Vertus, celle-ci, déclarée majeure, avait rendu public un mariage secret antérieur contracté avec son parent, Julien chevalier d'Avaugour. Le peuple de Rennes, idolâtre du sang de ses anciens maîtres, avait crié de bon cœur *Noël* pour Avaugour et Goëllo.

Les deux époux avaient été installés, en grande pompe, à l'hôtel de Vertus, fief de Reine de Goëllo.

Cet événement inattendu renversait de nouveau tous les projets du commandeur ; c'était, en vérité, à n'y pas croire. Était-il bien possible que Rollan eût poussé la hardiesse jusqu'à essayer de tromper la femme du mort !

Et l'ayant essayé pouvait-on admettre un seul instant qu'il eût réussi ?

Et s'il n'avait pas réussi que fallait-il penser de ce mariage extraordinaire qui était un fait patent, public, indéniable ?

A ces questions point de réponse possible.

Mais ce qui porta au comble la rage du commandeur, c'est qu'en même temps, il apprit l'existence d'un héritier mâle âgé de cinq ans déjà ; non seulement il avait été joué, mais il allait avoir à rendre compte de l'immense domaine de sa pupille entre les mains d'un ennemi.

Par surcroît, l'ordre de la cour lui devenait inutile. Cet ordre, en effet, n'était exécutable qu'après la dissolution de l'assemblée, à cause de l'inviolabilité attachée à la qualité de membre des états ; or, d'ici là, Gauthier devrait se dessaisir des biens de Vertus qui étaient sa suprême ressource : ses prodigalités pendant ses divers séjours à Paris, l'or qu'il avait jeté à pleines mains en Bretagne pour se faire des créatures, ayant absorbé dès longtemps son propre patrimoine en entier.

Sa situation de chevalier de Malte, séparé de l'ordre, mais non encore sécularisé avait ruiné son crédit. Rendre l'héritage de sa pupille c'était pour lui tomber à plat, plus bas que le dénuement même, dans le trou sans fond où les malversateurs sont noyés sous le mépris populaire.

Cette perspective l'effraya au point de lui faire perdre toute prudence. Pendant que MM. de Retz, de Coëtlogon et autres, employaient la soirée à relever le courage des gens du roi, fort malmenés en ces derniers temps par le parti breton, mené par Rollan, et préparaient leurs batteries pour engager la lutte avec quelque avantage, le commandeur introduisait secrètement dans la ville à tout risque, les soldats et les hommes des sergenteries normandes.

Il ne songeait plus à cette charge d'intendant qu'il avait tant désirée : se défaire violemment de l'homme qui ressuscitait en quelque sorte Julien d'Avaugour et rendait par ce seul fait son premier crime inutile, voilà qu'elle était son unique pensée.

Durant la nuit, l'hôtel de Goëllo fut cerné à petit bruit; Rollan sortait de grand matin d'ordinaire pour conférer avec Jean de Rieux, avant de se rendre aux états ; les estafiers du commandeur se jetèrent sur lui à dix pas de l'hôtel, et, au nom du roi de France, lui demandèrent son épée en l'appelant M. d'Avaugour.

Rollan se vit perdu dès le premier instant ; la rue était déserte encore ; il était seul contre cinquante hommes bien armés et qui semblaient résolus à pousser les choses vers l'extrême.

Sans essayer une défense inutile, le prétendu chevalier d'Avaugour rendit son épée, qui était en effet celle de Julien et prit le chemin de la Tour-le-Bât, ancien palais ducal, servant alors le prison.

La route était longue de la maison des comtes de Vertus jusque-là. L'escorte se hâtait, craignant de rencontrer quelque bourgeois matinal ; le chef, portant un large feutre qui tombait sur son manteau relevé avait recommandé dès l'abord à ses gens un silence absolu. En cet homme, qui cachait avec tant de soin son visage, Rollan n'avait pas eu de peine à reconnaître Gauthier de Penneloz lui-même ; par un geste rapide et inaperçu, il s'était assuré que l'étui contenant les titres de son maître défunt et qui formaient le meilleur de sa force à lui, Rollan, était bien là sur sa poitrine.

Mesurant ensuite sa situation d'un coup d'œil rapide, il vit qu'une seule chance de salut lui restait.

L'escorte devait passer sous les fenêtres de l'hôtel d'Acigné, occupé par le sire de Châteauneuf : Jean de Rieux se promenait très-souvent sur la terrasse en attendant la venue de l'ancien courrier, devenu l'homme le plus important de la province de Bretagne. Jean de Rieux aimait à le saluer de loin et le premier. Aussitôt que Rollan aperçut à distance les profils grisâtres du vieil édifice, il porta avidement son regard vers la terrasse où il espérait distinguer la silhouette de son ami.

Mais la terrasse était solitaire.

Le courrier sentit le découragement envahir son âme ; néanmoins il tenta un dernier effort : malgré les injures et les voies de fait de son escorte, il ralentit sa marche ; les sergents le traînèrent d'abord ; puis, quatre d'entre eux le saisirent et le portèrent, cela dura quelques minutes pendant lesquelles Rollan levait sur la terrasse un regard furtif et plein d'angoisse ; personne ne paraissait.

Enfin l'escorte dépassa l'hôtel ; Rollan baissa la tête et n'opposa plus de résistance.

Une dernière fois il se retourna au moment

où un coude de la rue allait masquer la demeure de Jean de Rieux : un homme, accoudé sur la balustrade de la terrasse, regardait de loin le passage de ces soldats inconnus. Rollan poussa un cri perçant ; l'homme tressaillit et se pencha en avant.

L'escorte se rua aussitôt sur le captif, mais il était trop tard : ces mots, prononcés d'une voix retentissante, traversèrent l'espace et parvinrent aux oreilles de Jean de Rieux :

— Avaugour est prisonnier des gens du roi.

VII

JEAN DE RIEUX

C'était là le grand danger de ces luttes où l'intérêt du roi était en réalité pour si peu de chose, et où l'intérêt de la vraie liberté n'était pour rien. Tout retombait sur le roi, c'est-à-dire, sur l'autorité légitime.

Ceux qui avaient mine d'oppresseurs et qui défendaient, en définitive l'unité de la France s'appelaient LES GENS DU ROI. Quoiqu'ils fissent, le roi avait la responsabilité de tout. Les priviléges fondés ou non, les intérêts particuliers, les ambitions, les égoïsmes apprenaient à s'ameuter contre le roi.

Le peuple ne se mêlait point encore de l'aventure, assurément, et ce qu'on appelle la Révolution était loin.

Mais connaissez-vous quelqu'un de sain d'esprit qui puisse prétendre avec quelque sérieux que l'opération politique qu'on appelle la Révolution ait été faite par le peuple ?

Ou pour élargir la question en la haussant, pour lui donner toute l'ampleur de sa sincérité, est-il un historien méritant ce nom qui ait pu dire la main sur la conscience que depuis le commencement du monde jusqu'à l'heure présente le peuple ait été l'auteur d'une seule révolution.

Complice, il l'est parfois, je ne dis pas : par

sa nature il est sujet à d'étranges ivresses qui ont fait au cours des siècles la fortune inexplicable de tant de coquins.

Victime, il l'est toujours et le sera fatalement jusqu'à la fin des âges. Mais principal coupable ayant combiné et perpétré le crime, jamais.

Qu'est-il besoin du peuple ? Les autres classes sociales suffisent. Quel intérêt a le peuple ? Tous les intérêts appartiennent aux autres classes sociales.

Les tribuns du peuple eux-mêmes ne sont jamais du peuple. C'est un métier d'occasion comme celui de ces étranges bergers qui mènent les moutons non point au pâturage, mais à l'abattoir.

Ce sont là des vérités vraies, inutiles à dire. Le monde vit ainsi de la maladie dont il mourra.

Revenons à notre histoire et entrons, s'il vous

plaît, en la grand'salle du palais des états de Bretagne.

La séance de ce jour avait été fixée par M. le duc de Retz, président, MM. de Coëtlogon, Pierre de Caradeuc, l'aïeul du fameux La Chalotais et le commandeur de Kermel pour tenter un coup décisif. Selon toute apparence, étant donnée la composition de l'assemblée, l'intendance de l'impôt allait enfin être établie.

Les très-honnêtes gentilshommes que nous venons de nommer, y compris même le député du pays nantais, Albert de Gondi, duc de Retz, ne savaient nullement de quelle couleur était la conscience de Gauthier de Penneloz, qui passait seulement pour un personnage de vie peu réglée et perdu de dettes.

Dès le matin, M. de Retz et le lieutenant de roi, suivis de leurs adhérents, occupèrent la salle, déterminés à voter dès qu'ils seraient en nombre, afin d'enlever par surprise la mesure si opiniâtrement contestée.

Les partisans de l'indépendance bretonne n'étaient point prévenus ; d'un autre côté, la minorité française se fortifiait maintenant de toutes les voix acquises à Gauthier de Penneloz.

Si ce dernier eût été à son poste, peut-être l'interminable bataille aurait-elle été gagnée cette fois par la France ; mais le commandeur ne venait pas.

Au moment où, fatigué de l'attendre, le président ouvrait la bouche pour mettre sur le tapis la proposition, un flot de gentilshommes indépendants, ayant à leur tête le sire de Châteauneuf, se précipita dans la salle.

Jean de Rieux était pâle ; sous ses sourcils froncés, ses yeux brillaient d'un sombre éclat. Il traversa d'un pas rapide toute l'étendue de la salle, et vint se placer en face du fauteuil de la présidence.

— Moi, Jean de Rieux, dit-il en se couvrant, en mon nom et de mon autorité, je vous fais prisonnier, monsieur le duc.

En même temps, il appuya sa main sur l'épaule du maréchal pair de France.

Ce geste et ces paroles furent suivis d'un moment de stupeur. Puis le clergé se leva en masse, ainsi que la portion française du tiers et de la noblesse, pour protester contre cet acte inouï commis dans l'enceinte inviolable des états. M. le duc de Retz avait dégaîné ; mais le sire de Châteauneuf, le désarmant sans effort, le retint près de lui dans l'attitude d'un captif.

— Messire, s'écria le lieutenant de roi en s'avançant l'épée nue ; je vous requiers de mettre fin sur l'heure à ce scandale !

— Arrière ! dit Jean de Rieux ; parlez, s'il vous plaît, à distance... ou plutôt, écoutez, car je vais parler, moi qui ne parle point. Quand la loi cesse de protéger la noblesse du royaume, la noblesse reprend son droit de se défendre elle-même. J'ai agi en mon nom, sachez cela, parce que, en l'absence de mon cousin M. d'Avaugour et de MM. mes aînés de Rieux, je prétends prendre sous ma seule responsabilité l'acte que je viens d'accomplir et tous les actes que j'ai la volonté de provoquer ultérieurement ! mais M. le duc, en réalité, n'est pas tant mon prisonnier que l'otage de la province insultée. Ce n'est pas moi qui ai commencé ; notre plus saint privilége vient d'être outrageusement mis en oubli. Au nom du roi, des gens portant l'uniforme de France ont porté la main sur un membre des états de Bretagne !

Un long murmure s'éleva, semblable à ces

bruits sourds qui précèdent les tempêtes.

Le sire de Châteauneuf, avant de se rendre aux états, avait fait convoquer tous les Frères Bretons qui se trouvaient en ville. Tandis qu'il parlait, de nouveaux arrivants entraient sans cesse, qui invariablement se rangeaient à ses côtés. La partie bientôt devint inégale de nouveau, mais l'avantage était désormais aux indépendants. Cent voix irritées demandèrent à la fois le nom du captif.

— Ce n'est pas le premier venu, prononça solénnellement Jean de Rieux, c'est le plus respecté parmi nous, l'héritier des souverains à qui obéissaient nos pères : c'est Julien chevalier d'Avaugour.

— Coupable de haute trahison, voulut ajouter le lieutenant de roi.

Mais un tumulte se fit, que la voix seule de Jean de Rieux put dominer.

— Coupable ou non, dit-il en fixant son regard dédaigneux sur M. de Coëtlogon, les franchises de notre parlement ne peuvent souffrir de son fait... et c'est grand'pitié, certes, de voir des gens de hauts nom et race déserter l'héritage de leurs aïeux, pour se vendre corps et bras à l'étranger ! J'ai dit l'ÉTRANGER, gens de Bretagne, car nous sommes ici chez nous, sur la terre des ducs, et les rois n'y peuvent rester maîtres que par notre libre volonté, à la condition de respecter les articles du pacte d'union qu'ils ont signé, — et juré !

A ces mots, Jean de Rieux se tourna vers son illustre prisonnier et le somma de le suivre.

— A moi, les sujets fidèles de Sa Majesté le roi ! s'écria le duc de Retz qui mit l'épée à la main.

— A moi, messieurs mes frères ! dit Jean de Rieux dont la main resta désarmée.

Il y eut un instant d'hésitation sur les bancs français ; plusieurs rapières furent tirées à demi hors du fourreau ; mais un décuple rang de gentilshommes se pressait déjà autour de Jean de Rieux.

— Donc, monsieur de Coëtlogon, reprit Messire Jean en se mettant en marche, voici le parlement dissous par ce fait qui reste à votre charge. Suivant le bon plaisir de Sa Majesté le roi, nous serons Sa Majesté et nous en paix ou en guerre ; mais qu'il ne soit pas touché un cheveu sur la tête de M. le chevalier d'Avaugour, ou, par le saint nom de Dieu ! M. le duc que voici ne vous bénira pas à l'heure de sa mort !

Jean de Rieux, sire de Châteauneuf traversa la salle, le front haut, menant devant lui M. le duc de Retz ; toute la partie bretonne des états le suivit. Les tenants du roi de France, formant à peine le tiers de l'assemblée, restèrent en face de l'insulte exorbitante faite au souverain pouvoir, et de leur impuissance actuelle à venger cet outrage.

— Maudit soit le commandeur de Kermel ! s'écria Coëtlogon dès qu'il se vit seul avec ses fidèles ; il faut qu'il ait été affligé de démence soudaine. Jean de Rieux a raison : grâce à l'équipée du commandeur. C'est nous qui avons commencé... La cour nous désavouera, et nous serons forcés de subir encore les conditions de ces rustres entêtés.... Retirons-nous, Messieurs.

Il était trop tard. Le sire de Châteauneuf, dont la rude énergie s'alliait à une grande prudence, avait fait ce qu'il fallait, rien de plus ; mais ses adhérents n'étaient pas d'humeur à s'arrêter en si beau chemin. Dès que la présence de Jean de Rieux ne les contint plus, lisse répandirent tumultueusement par la ville criant aux armes et faisant sonner les cloches de toutes les paroisses en tocsin. Bientôt, la population débordée inonda les abords de la place du palais.

Quand M. de Coëtlogon parut sous le vestibule, des cris de mort frappèrent de tous côtés ses oreilles

Par bonheur, le lieutenant de roi, immédiatement après la sortie du sire de Châteauneuf, avait envoyé un exprès à la Tour-le-Bât, avec ordre de remettre en liberté celui qu'il nommait Julien d'Avaugour. Rollan Pied-de-Fer, libre, se montra aux regards de la foule. Des hurlements d'enthousiasme s'élèvent aussitôt ; le faux chevalier fut saisi et porté en triomphe ; on oublia pour un instant les gens du roi.

Mais cette effervescence joyeuse ne pouvait

être que passagère; la haine ne tarda pas à reprendre le dessus. Les fanatiques de la séparation absolue, voyant la circonstance favorable, excitaient la foule sans relâche; le moment vint où les gentilshommes de la minorité, cernés par un populaire immense, et acculés contre la grande porte du palais qu'on avait refermée derrière eux, durent songer, non pas à se défendre, mais à vendre chèrement leur vie.

— A mort, les valets de cour! criaient la basse noblesse et les petits bourgeois.

M. de Coëtquen-Combourg, qui était un grand seigneur, pourtant, ennemi personnel du lieutenant de roi, avait déjà croisé le fer avec lui sans souci du secours déshonorant que lui prêtait l'émeute. Ce fut alors que Rollan Pied-de-Fer, qui était parvenu à se débarrasser de ses frénétiques porteurs, put s'élancer au milieu de la mêlée. Sur la première marche du perron, il se trouva face à face avec Jean de Rieux.

— Merci de nous ! s'écria M. de Coëtlogon à cette vue ; voici pour nous achever ! recevons comme il faut le coup de grâce !

Mais, à l'instant même où il baissait son épée désormais inutile, il vit avec une indicible surprise Julien d'Avaugour et le sire de Châteauneuf se jeter entre les deux partis et couvrir les plus malmenés parmi les Français. Le chevalier ayant fait sa trouée s'était croisé les bras sur la poitrine, et tournait le dos au parti vaincu qu'il protégeait ainsi de son corps.

A son aspect, la foule avait instinctivement reculé, mais tous les regards étaient enflammés de colère, ce râle menaçant qui est comme le rauquement des séditions grondait encore.

— Le premier sang qui coulera sera le mien,

dit Rollan d'une voix calme et sonore. Depuis quand les bourgeois de la bonne ville de Rennes et messieurs des états font-ils métier de coupe-gorge?... C'est trahison que d'user de violence, car, aujourd'hui que les ennemis de nos franchises peuvent compter leurs forces et les nôtres, ils sont vaincus à toujours... Qui aime la Bretagne me suive ! je vais en l'église de Saint-Sauveur, rendre grâce à Dieu qui nous protége.

Rollan Pied-de-Fer, ombre vivante de Julien d'Avaugour, et peut-être bien supérieur à lui, exerçait sur les partisans de l'indépendance une sorte d'autorité royale ; ils étaient habitués à regarder le nom qu'il portait comme celui de leur maître futur. Les plus exaltés s'arrêtèrent, croyant qu'un secret motif politique le faisait agir ainsi. Lorsque Jean de Rieux et lui, se tenant par la main, se mirent en marche vers Saint-Sauveur, tous les suivirent, envoyant aux gens du roi, en guise de suprême avanie, quelques ironiques protestations de respect.

— Messieurs, dit le duc de Retz qui survenait en ce moment, mis en liberté sur l'ordre du sire de Châteauneuf, je vends à qui voudra les acheter mon duché du nantais et mes autres terres de Bretagne. Item, je fais serment sur mon salut de ne remettre jamais les pieds en cette sauvage et discourtoise contrée !

Un sentiment de fierté nationale se réveilla, à ces derniers mots, dans l'âme de M. de Coëtlogon.

— Sauvage, mais loyale, monsieur le duc, dit-il ; discourtoise, mais clémente. Si messieurs de la confrérie eussent agi comme on fait à Paris en semblable cas, vous ne seriez point ici pour les injurier à distance.

M. de Retz tint parole ; il partit le soir même et ne revint plus.

Comme le lecteur a pu le voir, Gauthier de Penneloz ne parut point en tout ceci. Troublé déjà par la crainte des conséquences possibles de cette entreprise folle, qu'il avait conçue et exécutée dans un premier mouvement d'épouvante et de rage, mais trop avancé pour reculer désormais, il s'était retiré dans son hôtel, tout de suite après avoir fermé sur Rollan les verroux de la Tour-le-Bât et comptait faire partir son captif pour Paris le lendemain.

Tant que dura la séance des états, ses valets firent le voyage du palais à l'hôtel de Kermel, pour lui en rapporter les incidents à mesure qu'ils avaient lieu.

Parmi les messages qu'il reçut ainsi, aucun n'était de nature à calmer ses inquiétudes ; le dernier annonçait la mise en liberté du chevalier et son triomphe définitif.

Gauthier fut atterré ; puis, l'excès du péril lui rendant son audace, il se fit habiller à la hâte, et prit la route de l'église Saint-Sauveur. Lorsqu'il arriva, Jean de Rieux et Rollan se donnaient l'accolade sur le perron, aux grands applaudissements de la foule. Gauthier s'avança le front haut ; le peuple, qui ne savait point son apostasie, s'ouvrit respectueusement pour lui livrer passage.

— Messieurs, dit le commandeur en montant les degrés, je viens me joindre à vous pour prier comme pour combattre ; mes frères me trouveront toujours prêt.

Rollan le couvrit d'un regard fixe et sévère, et, se penchant à l'oreille de Jean de Rieux, il dit quelques paroles à voix basse. Gauthier devinait chaque mot, comme s'il l'eût entendu prononcer distinctement ; il demeurait immobile dans l'attitude d'un coupable qui attend son arrêt. Aux premières paroles de Rollan, le sire de Châteauneuf fit un geste de surprise et de violente indignation.

— N'est-il pas temps de punir tant de perfidie ! s'écria-t-il en touchant son épée.

Le courrier lui retint le bras.

— Messire, dit-il, cet homme a notre secret, je ne veux point, pour venger une injure personnelle, compromettre le succès de mon œuvre. L'enfant Arthur n'est pas encore un homme. Voici le traître, meurtrier de Julien d'Avaugour, impuissant désormais, parce qu'il est démasqué. Laissons-le vivre jusqu'au jour où Rollan Pied-de-Fer, découvrant aussi son visage, lui demandera compte du sang de son maître assassiné.

Sans s'occuper davantage de Gauthier, il franchit le seuil de Saint-Sauveur.

— Il n'a pas osé ! murmura le commandeur avec un triomphant sourire ; l'occasion était belle, il l'a manquée, je n'ai plus rien à craindre de lui !

Et il passa le seuil à son tour. La vieille église où la Vierge miraculeuse avertit Bertrand Duguesclin de l'approche des Anglais, eut peine à contenir la foule qui se pressa dans sa nef ce jour-là. Un *Te Deum* solennel fut chanté. Nobles et bourgeois avaient motif de se réjouir : ce fut en effet, le commencement d'une ère pacifique et glorieuse pour la province de Bretagne.

Une négociation s'entama entre Avaugour, pour les états et le cardinal, pour le roi ; on peut dire, sans exagération, qu'ils traitèrent de puissance à puissance. Dans ses lettres à *son aimé cousin*, M. le chevalier d'Avaugour, plénipotentiaire des états, Son Eminence l'engageait, en termes qui ressemblaient singulièrement à une prière, *à ne point allumer le feu de la guerre civile entre les fidèles sujets du roi,* lui promettant en récompense, *de ne jamais ramener, par son fait, la question de l'intendance, qui semblait si fort mal sonner à toutes les oreilles bretonnes.*

VIII

UN VRAI BRETON

En 1662, le château de Goëllo, enfin restitué à Reine par le commandeur de Kermel, était habité par la noble famille d'Avaugour. Reine était toujours belle, bien que douze années se fussent écoulées depuis les événements que nous avons racontés. Le jeune Arthur avait pris la taille virile. Le chevalier ainsi qu'on appelait toujours Rollan, s'était chargé lui-même de l'éducation de son fils, et Arthur savait tout ce qu'un héritier de grande race doit savoir.

Il n'était pas seulement vaillant homme d'armes et cavalier accompli ; son « père », ne le quittant jamais d'un instant, avait développé avec soin les qualités de son âme ; il l'avait fait généreux, aimant et dévoué : on eût trouvé difficilement dans la province un adolescent de meilleure espérance.

Pour Rollan lui-même, sa nature physique avait considérablement fléchi. Ce n'était plus ce seigneur au martial aspect, que nous avons vu jadis dominer les états de Bretagne, et imposer silence d'un geste à la foule ameutée. Ces douze années avaient opéré en lui un changement extraordinaire : ses reins s'étaient voûtés, son front chauve se penchait vers la terre.

Tous croyaient que cette vieillesse anticipée était le fruit de ses travaux excessifs: il avait tant fait pour le bien-être de la province! Rollan, depuis douze ans, était comme la providence visible des états; les trois ordres avaient en lui si grande confiance, qu'il n'aurait eu qu'à vouloir pour saisir la puissance suprême, ou du moins, pour entraîner son pays dans cette guerre d'indépendance que tant de vieux bretons souhaitaient toujours en leur cœur.

Mais nous l'avons dit déjà, Rollan possédait un esprit vaste et supérieur à toute égoïste pensée, il avait compris parfaitement que le bien-être et la sécurité de la Bretagne n'étaient pas dans l'indépendance absolue; il avait deviné dès longtemps l'avenir précaire d'un petit pays enclavé entre deux grands royaumes sympathisant avec l'un toujours, et forcé de s'allier sans cesse avec l'autre. Cependant s'il ne voulait point la scission, il prétendait conserver intacte et entière l'indépendance relative établie par le contrat d'union, et ses efforts avaient été jusqu'alors couronnés d'un plein succès.

Louis XIV était majeur; sa main despotique et toute puissante pesait sans contrôle aucun sur le reste de la France; la Bretagne seule conservait ses libertés octroyées, demeurait libre, et semblait à l'abri de l'envahissement du pouvoir central.

Les états venaient d'être convoqués et devaient s'ouvrir sous peu; le chevalier faisait ses préparatifs pour se rendre à Rennes avec madame Reine d'Avaugour sa femme et son fils, Arthur, comte de Vertus. Il y mettait une solennité singulière; on eût dit qu'un très-important projet germait dans son cerveau.

D'ordinaire, le chef de la maison d'Avaugour se faisait remarquer par une extrême simpli cité de vêtements, à une époque où les seigneurs bretons rivalisaient de luxe et de fol étalage ; cette fois il ne changea point de mode pour lui-même, mais il voulut que le jeune Arthur, qui venait d'atteindre sa dix-huitième année, eût l'équipage de prince auquel il avait droit. Reine sembla voir tout de suite avec inquiétude ces préparatifs extraordinaires : sans doute elle avait deviné son dessein.

Elle employa inutilement larmes et prières pour l'en détourner.

La veille du jour fixé longtemps à l'avance, le chevalier donna de nouveau et péremptoirement l'ordre du départ.

Vers le soir, il était seul dans son appartement, la tête penchée entre ses mains ; il méditait. Le sujet de ses réflexions devait être pénible, car, de temps à autre, les rides de son front se creusaient, il levait les yeux au ciel, et un douloureux sourire venait errer sur sa lèvre.

Tout à coup il se leva brusquement, comme s'il eût voulu fuir une obsédante pensée.

— Quelques jours encore, murmura-t-il, et tout sera fini. Ce supplice me tue ! J'aurais voulu servir de père à l'enfant bien-aimé deux années encore ; je ne puis... non, je ne puis.

Il regarda ses bras amaigris, et essaya vainement de redresser sa taille courbée.

— Ah ! je ne puis, reprit-il pour la troisième fois. Dieu m'a aidé, c'est certain, et je lui en rends grâce du fond de mon cœur. J'ai trouvé le courage dans l'accomplissement de mon devoir et la résignation dans la prière. Ma tâche est achevée, pourquoi prolonger une torture inutile ?... Ma femme ! mon fils ! J'ai une femme ! j'ai un fils ! Je l'ai dit, tous le croient... Seigneur, mon Dieu, que j'aurais aimé tendrement le pauvre foyer où vous auriez mis pour moi le bonheur laborieux et modeste qui était le lot de mon père et de ma mère ! Seigneur, oh ! Seigneur ! combien j'aurais chéri la pauvre famille que votre bonté m'eut donnée ! ma femme, ma vraie femme, mes vrais enfants, mes fils et mes filles... Jésus souffrant ! La peine n'était pas au-dessus de mes forces, puisque je l'ai supportée avec votre secours, mais j'ai tout dépensé à cela, jeunesse, énergie, espérance... je ne me repens point, mais je suis las, las jusqu'à l'agonie. J'ai travaillé tant que j'ai pu ; j'ai conservé à la veuve, au fils de mon maître leur héritage intact, droits et richesses : je puis me reposer...

Il s'arrêta et reprit presque aussitôt avec un triste sourire.

— Pourtant je n'ai pas exécuté tout ce que j'avais promis ; j'avais fait aussi un serment de vengeance... Il y a si longtemps! Gauthier a maintenant beaucoup d'âge, le remords a dû le punir, et Dieu pardonne l'oubli de ces serments. Si je laissais vivre ce vieillard!... J'ai beau chercher en moi, je n'ai plus de haine...

Il fut interrompu par l'entrée d'un valet annonçant qu'une femme étrangère, demandait à entretenir sans retard le chevalier d'Avaugour. Rollan était accessible à tous; il ordonna qu'elle fût introduite.

C'était une femme au visage doux et bon, belle encore, bien qu'elle fût parvenue aux plus extrêmes limites de la jeunesse. Son costume était celui d'une paysanne aisée. Elle entra, et chercha le chevalier d'un regard empressé. Rollan l'avait reconnue au premier coup d'œil.

— Anne Marker! s'écria-t-il.

— Est-ce donc bien vous, Rollan? dit-elle Jamais je n'aurais cru vous trouver si changé.

— Ceux qui ne m'ont point vu depuis douze ans ont peine à me reconnaître, murmura le courrier avec un amer sourire.

Puis il ajouta tout haut :

— Anne, qui vous amène vers moi ? ne seriez-vous point heureuse ?

Elle baissa la tête et fut quelques secondes sans répondre.

— Je suis heureuse, dit-elle enfin avec effort. Dieu m'a fait la grâce d'aimer le père de mes enfants. J'ai quitté le pays ; je me suis établie bien loin d'ici. Je reviens pour vous, non pour moi, et veux vous révéler un secret ; mais il faut me promettre de ne point punir mon mari.

— Est-ce Corentin qui est votre mari ?

— Oui, monseigneur.

— Parlez, Anne, je vous promets de ne lui faire aucune peine.

— Monseigneur ne partez point demain pour Rennes : voilà ce que j'avais à vous dire.

— Pourquoi?

— Parce que, sur la route de Rennes, un assassin vous attendra.

— Qui vous l'a dit?

— Celui qui le sait de science trop certaine.

— Et quel est l'assassin?

— Il y a la tête et il y a le bras.

— La tête?...

— C'est Gauthier de Penneloz, commandeur de Kermel.

Rollan fit un geste de surprise et d'incrédulité.

— Il est bien vieux, dit-il, et bien faible.

— Il a beaucoup de haine. La haine fait de l'or. L'or achète la force.

Rollan semblait hésiter ; Anne ajouta à voix basse :

— Le bras de Corentin, mon mari est connu, à vingt lieues à la ronde comme le plus robuste. Le commandeur, dont il fut longtemps le vassal, ne l'a point oublié. Gauthier de Penneloz est entré l'autre jour dans notre pauvre demeure, il a pris à part Corentin. Je me suis éloignée, mais une voix intérieure m'a dit que le sort d'un homme qui est chéri et respecté dans toute la Bretagne, allait se décider. Je suis restée à portée d'entendre ; j'ai entendu et me voici venue, Monseigneur, pour sauver votre vie et celle de votre héritier.

— Arthur ! s'écria Rollan impétueusement. A-t-il donc aussi menacé la vie d'Arthur ?

— C'est surtout la vie du jeune comte de Vertus qui est menacée. Demain, votre fils et vous, serez attaqués entre la lande de Hédé et les futaies de Goëllo.

— J'aurais voulu l'épargner, murmura Rol-

…an qui se prit à parcourir la chambre à grands pas ; mais, tant que vivrait cet homme, le sang d'Avaugour serait en péril, et ma tâche resterait inaccomplie… Anne, je vous remercie, reprit-il à voix haute ; je profiterai de votre avis.

— Dieu soit donc béni ! s'écria celle-ci en joignant les mains.

Elle se dirigea vers la porte. Au bout de quelques pas, elle se retourna ; une larme brillait à sa paupière.

— Rollan, dit-elle… pardon, si je vous nomme ainsi, Monseigneur ; c'est un souvenir lointain et pur, que le respect a épuré encore, car je connais depuis bien des jours votre pieuse et belle histoire… Tout à l'heure, vous m'avez demandé si je suis heureuse ; avant de vous quitter, cette fois pour jamais sans doute, je veux vous demander aussi : Êtes-vous heureux, Rollan ?

Celui-ci secoua tristement la tête.

— J'ai fait mon devoir, dit-il.

— Vous souffrez! s'écria la paysanne qui avait en elle une noblesse et s'exprimait noblement, parce que le fait d'avoir été un jour la fiancée d'un pareil homme avait attristé, mais relevé toute son humble vie. J'avais deviné cela. Vous m'avez fait une fois une grande douleur, Rollan... Monseigneur, je n'ai jamais cessé de prier pour vous.

Elle disparut à ces mots. Rollan s'était laissé tomber sur un siége et couvrait son visage de ses mains. Ce n'était pas Anne Marker qui troublait sa pensée, mais c'était la vue d'Anne Marker qui avait ressuscité pour lui le souvenir enseveli depuis tant d'années.

— Je suis un paysan, pensait-il, j'avais demandé la main d'une paysanne, c'était bien selon l'apparence, j'aurais été heureux comme tous ceux qui servent Dieu en travaillant pour gagner le pain de leur famille. Au lieu de cela, quel a été mon lot dans la vie?... J'ai bien fait, ah! j'ai bien fait, je le crois, je le sais! mais cette pauvre douce femme l'a dit: je souffre... mon Dieu c'est vrai, j'ai cruellement, j'ai terriblement souffert!

Une expression de douleur résignée était sur son visage, cet homme avait un vrai grand cœur. L'épreuve subie par lui dépassait les forces humaines. Le long effort d'un dévouement pareil au sien n'est dû qu'à Dieu, et ceux qui témoignent à Dieu une pareille abnégation sont des saints.

Rollan s'était jeté en effet, non pas en aveugle, mais en téméraire assurément dans les difficultés de sa situation présente. Il en avait mesuré les dangers, pesé les sacrifices, et il n'avait point reculé. J'ai parlé de Dieu parce qu'il est impossible de penser que Dieu ne fût point au fond de cette bienfaisante imposture et de ce chaste combat qui peut être exposé au regard même des enfants.

Il ne s'était pas agi dès l'abord pour Rollan de renoncer à des fiançailles vulgaires et au bonheur de sa famille pour vivre dans une solitude, il lui avait fallu voir tous les jours, à toute heure, une femme que la poésie de son cœur, au temps de sa jeunesse, avait entourée d'enthousiastes admirations, une femme jeune, belle, malheureuse. Il avait dû vivre sous le même toit que Reine; tous deux ensemble ils avaient pleuré celui qui leur était également cher, Julien, chevalier d'Avaugour, — et la première fois que Rollan sentit sur sa joue une larme que la perte de son bien-aimé frère et maître ne faisait point couler, il songea à fuir sans doute, mais il n'en vaait pas le droit; un implacable devoir le retenait cloué à son poste, et il restait, et nul confident ne consolait son martyre : Nul confident mortel du moins, mais il versait son âme dans le cœur de Dieu qui est la force des martyrs.

Tous les soirs, le faux chevalier était introduit en cérémonie dans l'appartement de la dame d'Avaugour ; Arthur venait recevoir les baisers de son père et de sa mère entre lesquels sa tendresse ne savait point choisir. Ensuite les femmes de Reine s'acquittaient de leur office et les deux époux restaient seuls, alors voilà ce qui avait lieu invariablement : Rollan s'inclinait jusqu'à terre et disait :

— Dieu garde la noble veuve de monseigneur !

Il ouvrait une porte cachée sous les draperies de l'alcôve et se retirait dans une autre partie du château où il avait son logis secret.

Cela dura douze années sans relâche ni trêve. Son refuge était l'importance de plus en plus grande de ses travaux politiques et la ferveur assidue qu'il portait dans la pratique de la religion.

Il devait rester vainqueur, malgré une découverte qu'il fit avec le temps et qui redoubla l'amertume de sa vie; il crut lire dans les yeux de la dame d'Avaugour l'expression d'un sentiment qui n'était plus seulement de la reconnaissance. Il ne faiblit pas, mais la mesure était comblée; il se sentit lentement mourir.

Que fallait-il pour faire déborder la coupe d'amertume?

Un soir, peu de jours avant l'époque où nous sommes arrivés, à l'heure où l'ancien courrier quittait d'ordinaire les appartements de madame Reine, celle-ci le retint et lui désigna du doigt un siége à ses côtés. Il y avait déjà des années que Reine lui témoignait une considération voisine du respect, et pourtant Rollan se sentit trembler. Il obéit, mais pressentant une suprême épreuve, il pria dans son cœur le ciel de lui venir en aide. La scène fut courte. Reine parlant sans passion comme sans réticence, avec une entière confiance, dit à Rollan que l'intérêt du jeune comte de Vertus lui ouvrait la bouche et faisait taire en elle un scrupule. Il fallait que l'état de l'enfant fut définitivement sauvegardé. Arthur, comte de Vertus croyait Rollan son père et le chérissait comme tel : comment et pourquoi le détromper après tant de jours? D'un autre côté, la province entière les regardait tous deux, elle Reine et lui Rollan comme des époux, fallait-il risquer un aveu qui n'avait point d'utilité et qui pourrait comporter un scandale? après s'être recueillie dans sa religion et avoir pris avis de ceux qui étaient ses guides, Reine, venait proposer sa main, dans la forme des mariages de conscience à l'homme qui lui avait prodigué depuis douze ans son dévouement inépuisable, au constant protecteur de son fils, au vaillant défenseur des libertés de sa patrie. Ainsi le mensonge nécessaire de leur situation disparaîtrait pour les hommes, en partie, et serait entièrement supprimé devant Dieu qui savait la pureté de leur vie, quand ils s'agenouilleraient ensemble au pied de son autel.

Reine se tut. Rollan ne devait pas être plus pâle à l'heure de son agonie. Il se leva et resta un instant debout, les yeux baissés devant Reine qui attendait sa réponse. Du combat navrant qui se livrait au-dedans de son âme elle ne sut rien, car il ne parla point. Seulement, au bout d'une minute qui fut longue comme tout un siècle, il se courba — si bas que ses cheveux blanchis avant l'âge balayèrent la mosaïque de la salle, et ainsi presque prosterné :

— Dieu garde, dit-il selon sa coutume, Dieu garde la noble veuve de monseigneur !

Et il s'enfuit d'un pas chancelant.

A dater de ce moment, sa résolution fut prise : il ne voulait plus affronter le combat, parce qu'il avait peur d'avoir remporté aujourd'hui sa dernière victoire.

Qu'il exagérât ou non le scrupule, Rollan était de ceux pour qui la récompense gâte le dévouement; d'ailleurs, la volonté de Reine de Goëllo ne pouvait lui donner la légitime possession du nom qu'il avait pris sans intérêt, il est vrai, mais sans droit : le jour où cette usurpation cesserait d'être un sacrifice, elle deviendrait une faiblesse, sinon un crime. Rollan pensait ainsi. Ce que c'est que transiger avec la voix qui parle au-dedans de nous. Rollan ne le savait pas.

Cependant, il avait tout préparé pour l'accomplissement de son projet de retraite ; la révélation d'Anne Marker lui fit seulement avancer son départ de quelques heures. Le soir même, il monta à cheval tout seul avec Arthur et prit la route de Rennes : le lendemain, ses gens devaient escorter une chaise fermée et vide.

Anne Marker avait dit vrai, les serviteurs d'Avaugour arrivèrent en grand désordre à Rennes le surlendemain ; le carrosse avait été attaqué à la tombée de la nuit, la veille, par une troupe de malfaiteurs, entre la grand'lande de Hédé et les futaies de Goëllo. Rollan savait désormais à quoi s'en tenir sur le repentir du commandeur. Il n'y a point de traître à Dieu qui ne soit filou vis-à-vis des hommes

Ce jour-là, dans la salle des états, dès le commencement de la séance d'ouverture, on vit entrer M. le chevalier d'Avaugour, conduisant son fils par la main. Le chevalier n'avait point le costume brillant des membres de l'ordre de la noblesse : il était enveloppé d'un long manteau. Arthur, au contraire, éclipsait, par la magnificence de ses habits, les plus fastueux seigneurs ; il portait comme il faut ses dentelles et son velours et tous durent admirer la fière mine qu'avait le jeune héritier du sang ducal.

Rollan jeta tout d'abord un regard sur les bancs de la noblesse ; le commandeur était là, qui lui envoya de loin un profond salut ; Rollan passa ; mais, avant de prendre, comme d'habitude, le fauteuil de la présidence, il s'avança vers le sire de Châteauneuf.

— Messire Jean, dit-il, je vous fis, il y a douze

ans, la promesse de rendre ce que j'empruntais quand l'échéance serait venue : je viens aujourd'hui payer ma dette.

— Mon cousin, dit le sire de Châteauneuf en lui serrant la main avec respect; cette promesse, je ne vous l'eusse point rappelée; loin de là, je vous supplie, restez ce que vous êtes pour le bien de tous.

Rollan répliqua :

— La mort de mon seigneur et frère reste à venger, et j'ai fait un serment.

— Donc, à votre volonté, mon cousin.

Jean de Rieux se rassit d'un air triste. Rollan prit la main d'Arthur et lui fit monter les degrés de l'estrade. Le jeune homme, confus et rougissant, se laissait conduire. Rollan lui montra du doigt le fauteuil; Arthur obéit et prit place. Un murmure se fit sur tous les bancs à la fois.

— Monsieur le chevalier, s'écria-t-on de toutes parts, que veut dire, s'il vous plaît, cette comédie?

Le chevalier, en guise de réponse, se débarrassa soudain de son manteau; l'assemblée vit avec surprise qu'il portait en dessous un costume de roture: veste ronde, culotte de drap, le tout serré par une ceinture de cuir.

— Mes seigneurs, et messieurs, dit-il d'une voix haute et ferme, je viens faire amende honorable: voici devant vous l'unique rejeton d'Avaugour, Arthur, chevalier, seigneur d'Avaugour, Goëllo et autres lieux, comte de Vertus. Moi, j'ai nom Rollan Pied-de-Fer, et je vous demande grâce pour mon larcin de noblesse.

Bien peu se souvenaient de Rollan Pied-de-Fer; la plupart crurent que le chevalier était pris d'une subite folie. Arthur était descendu de son siége et serrait le courrier dans ses bras ; Jean de Rieux s'était approché en même temps. Cependant le tumulte redoublait dans la salle ; quelques hobereaux et aussi des bourgeois, indignés d'avoir été si longtemps présidés par cet homme de rien, parlaient déjà de châtiment exemplaire : il est notoire que la reconnaissance n'est point une plante qui croisse en plein champ, à la grâce de Dieu. Elle ne pousse même pas toujours à force de culture.

— Mon père ? qu'est devenu mon père ? demanda enfin Arthur d'Avaugour.

Le commandeur de Kermel s'était levé dès le commencement de cette scène ; Rollan l'aperçut qui fendait silencieusement la foule, et se dirigeait vers la porte, comme s'il eût dédaigné de se mêler à pareille aventure.

— Gauthier de Penneloz, dit-il, je vous somme de rester en ce lieu : votre présence est nécessaire.

— De quel droit parle ici ce vassal? demanda fièrement le commandeur qui continua sa route.

Nulle voix ne s'éleva pour soutenir Rollan ; il baissa la tête étonné par la soudaineté de cet abandon qui était l'effronterie de l'ingratitude, mais Jean de Rieux lui pressa la main avec force ; il se redressa aussitôt, et toucha le bras d'Arthur.

— Votre père, M. le comte, dit-il, répondant seulement alors à la question du jeune homme, est mort assassiné : voilà son assassin.

Il montrait Gauthier de Penneloz ; celui-ci s'arrêta enfin, et croisa ses bras sur sa poitrine.

— Qu'est-ce à dire ? s'écria-t-il ; m'obligera-t-on à repousser sérieusement pareille infamie ?... Est-ce moi qui ai volé les noms et les

titres de mon malheureux parent, Julien d'A-
vaugour? est-ce moi qui ai usurpé ses domaines? sa veuve est-elle ma femme?...

— *Reus is est cui prodest scelus!* déclara M. de
Caradeuc qui savait ses Pandectes[1].

Les adhérents du commandeur se mirent à
crier.

— Assez, assez! Justice soit faite de l'imposteur!

Les gens du roi de France, ravis de se venger
si aisément de l'homme qui avait fait tant de
mal à leur cause attisaient sous main le désordre, qui arrivait à son comble.

Arthur, le jeune comte de Vertus, semblait
atterré et restait immobile; il doutait, tant la
parole d'un gentilhomme avait de poids dans

---

[1] Le coupable (selon les présomptions) est celui à
qui le crime a profité.

la balance. Mais ce doute était pour le pauvre enfant une cruelle souffrance ; pâle et prêt à défaillir, il parcourait d'un œil suppliant l'assemblée, pour relever ensuite son regard humide sur celui que, tant d'années, il avait aimé et respecté comme son père.

— J'avais prévu tout cela ! murmura Jean de Rieux, dont le maintien annonçait une colère terrible, prête à éclater.

— Sur ma foi, dit Rollan, et sur mon salut éternel j'ai parlé suivant la vérité, je le jure !

L'assemblée l'avait regardé trop longtemps comme son chef pour qu'il n'exerçât pas encore sur elle un pouvoir ; un silence profond suivit ses paroles :

— Honte sur notre temps ! s'écria Gauthier de Penneloz. Un gentilhomme sera donc forcé d'opposer son serment au parjure d'un coupe-jarret de bas lieu !

— Messieurs, dit un autre membre, il est temps que cesse ce scandale.

— Il est temps en effet ! interrompit Jean de Rieux d'une voix tonnante. Messieurs, le rouge me vient au front quand je vois que la noblesse qui, en soi, est une grande et tutélaire institution, sert ici de rempart au crime, de piédestal au mensonge ! Un homme s'est trouvé qui, rencontrant un jour le cadavre de son maître assassiné, a dépouillé sa propre vie pour en revêtir le cadavre. Cet homme était jeune alors, heureux peut-être. Il a fait deux parts de l'existence du mort : d'un côté, il a mis le glorieux avenir et le bonheur présent ; de l'autre, le pénible devoir, le travail obscur, ardu, sans récompense ; et il a pris la seconde part, réservant l'autre, intacte, à l'héritier légitime. Cet homme a combattu douze années, soutenant lui tout seul les libertés chancelantes de son pays ; et attribuant au nom du mort toute la gloire de son œuvre, il a, dans l'intérieur de sa vie privée, reculé les bornes du possible par sa prodigieuse abnégation. Il a refusé... Mais que ceci reste son secret, car je ne le tiens pas de lui... Et lorsque, voyant sa tâche remplie, cet homme veut descendre de ce rang, dont il n'a connu, par sa volonté, que les misères, il reçoit l'insulte au lieu des actions de grâces méritées, au lieu de la récompense, les mépris ! Et lorsque l'enfant adopté s'étant fait homme, et n'ayant plus besoin d'aide, ce héros — ce chrétien achève son œuvre en livrant à votre justice le nom de l'assassin de son maître; l'assassin le raille et le menace ; et messieurs des états se joignent à l'assassin pour l'accabler ! Par le nom de Dieu ! vous l'avez dit : il est temps que cesse ce scandale !... Gauthier de Penneloz, ce ne sera point la parole d'un vilain qu'il vous faudra repousser aujourd'hui, ce sera celle de Jean de Rieux. J'affirme sous serment que Julien d'Avaugour est mort par votre fait et sans combat, percé de votre épée, — par derrière !

Le commandeur voulut se récrier, mais Jean de Rieux l'interrompit rudement.

— Tais-toi, traître à Dieu ! lui dit-il.

Et Gauthier se tut.

Alors, Jean de Rieux fit le récit de la fin tragique de Julien, chevalier d'Avaugour, tué de nuit, par son hôte, au moment où il passait le pont-levis du château de Goëllo, et termina en affirmant de nouveau la vérité de son dire, sous serment.

Nul n'avait osé interrompre le sire de Châteauneuf. Arthur était déjà dans les bras du courrier. Gauthier interrogea du regard les visages de ses collègues ; il lut sur chacun d'eux son arrêt ; néanmoins il voulut tenter un dernier effort.

— Messire Jean, dit-il en essayant de sourire, a dans la parole de maître Rollan Pied-de-Fer, son ami, une confiance aveugle et méritoire !

— Fi de moi, si je le niais ! s'écria le sire de Châteauneuf ; mais je n'ai point juré sur sa foi seule aujourd'hui : vous souvient-il, Gauthier de Penneloz, de cette entrevue que vous eûtes jadis en mon hôtel avec le faux Julien d'Avaugour ?...

— Vous étiez là ! Vous écoutiez ! interrompit le commandeur en pâlissant.

— Messieurs, dit Jean de Rieux d'une voix solennelle en s'adressant aux états, il ne s'agissait pas de moi, mais de vous tous ; Rollan allait avoir entre ses mains les intérêts de la province entière ; j'étais là en effet et j'écoutais ?

Si Rollan eût été un traître, je l'aurais tué de ma main... A présent, je dis, moi aussi : Que justice soit faite !

Le commandeur, sans attendre le vote, se déclara prisonnier sur parole, et sortit incontinent. L'assemblée s'était divisée en groupes. Tous ces nobles, égarés un moment, mais gens de cœur et de courtoisie, reconnaissaient maintenant qu'il fallait à l'insulte publique une publique réparation. Il se fit une sorte de délibération spontanée, et M. de Coëtquen-Combourg, s'avançant vers l'estrade, offrit sa main dégantée au courrier.

— Monsieur, dit-il, au nom des états, je vous remercie ; au nom de la noblesse, je vous offre réparation. Dans notre évêché de Dol, le tiers-état m'aime et me suit, il y aura toujours pour vous une place en cette enceinte, et ce nous sera grand honneur de siéger près d'un homme tel que vous.

Certes, Rollan, au temps où il s'appelait Julien d'Avaugour, avait eu de bien autres et plus pompeuses glorifications ; mais celle-ci était toute personnelle ; sortie de la bouche d'un fils des chevaliers, parlant au nom de la noblesse, elle s'adressait au pauvre courrier. Une larme descendit lentement sur sa joue.

— Merci ! dit-il d'une voix étouffée par l'émotion.

— Rollan Pied-de-Fer ne doit point quitter ainsi, la larme à l'œil et le front bas, les états de Bretagne ! murmura Jean de Rieux à son oreille.

Le courrier se redressa soudain ; il lança au sire de Châteauneuf, qui s'abaissait dans sa caste, pour le relever, lui, Rollan, un regard d'infinie reconnaissance. Puis son œil rayonna le fierté.

— Messieurs, reprit-il, je reçois vos excuses et vous tiens compte de votre condescendance. J'ai remplacé, autant qu'il était en moi, celui dont je portais le nom ; maintenant, M. le comte de Vertus le tient par légitime héritage ; il est d'âge à le soutenir ; ma tache est terminée, et l'heure du repos venue... Dieu vous conseille, Messieurs !

Il serra Arthur dans ses bras, lui enjoignit, d'un geste impérieux, de ne point le suivre, et traversa la salle d'un pas ferme ; Jean de Rieux l'accompagna jusqu'au seuil.

— Mon cousin, dit-il tristement, noblesse oblige ; sans cela, je ferais comme vous de grand cœur.

Quand le sire de Châteauneuf regagna son siége après avoir embrassé le courrier, une émotion inaccoutumée adoucissait l'expression de son énergique visage.

— C'est un vaillant cœur, murmura-t-il. Fasse le ciel que le pays n'ait pas à regretter son absence !

Cette prévision ne devait s'accomplir que trop tôt. M. de Ponchartrain n'avait point abandonné sa candidature ; dès la session suivante, il vit couronner sa persévérance : il y eut en Bretagne un intendant royal de l'impôt. Dès lors, les principales franchises de la province n'existèrent plus que de nom.

On ne revit point Rollan Pied-de-Fer.

Lors de la mort de Reine, dame douairière d'Avaugour, qui passa de vie à trépas, en 1669, un homme se glissa inaperçu dans le cortège funèbre ; il portait, à peu de chose près, le costume de courrier, décrit plusieurs fois dans ces pages : c'était un vieillard. Il se tint à l'écart tandis que se récitaient les prières des morts ;

son œil resta sec, mais son visage exprimait une austère et profonde douleur. Quand le dernier verset du chant mortuaire eut retenti sous la voûte du caveau de famille, les assistants s'éloignèrent, l'inconnu resta seul avec un jeune homme qui pleurait : c'était Arthur d'Avaugour, comte de Vertus.

Ils demeurèrent longtemps ainsi, priant tous deux. Arthur ne voyait point son compagnon, qui le suivit doucement lorsqu'il regagna la porte de la chapelle. Le jeune seigneur monta à cheval et s'éloigna ; l'étranger l'accompagna du regard jusqu'au détour du chemin : on eût pu voir une larme trembler, suspendue aux cils blanchis de sa paupière.

— Dieu le bénisse ! murmura-t-il avec une inexprimable tendresse.

Il fit un signe de croix, et quitta les environs de Goëllo ; il marcha lontemps et d'un pas rapide. Bien qu'il fût chétif et cassé d'apparence, la lassitude semblait ne point avoir de prise sur lui.

Dans le village éloigné de la basse Bretagne où il se rendait ainsi, on l'appelait Yvon le courrier ; malgré son grand âge, il gagnait sa vie à ce métier qui fatigue les jeunes hommes.

Yvon n'était venu dans cette retraite que sur la fin de ses jours ; il y était béni et respecté. Quand arriva l'heure de sa mort, il révéla au curé de sa paroisse qu'Yvon n'était point son nom véritable ; le bon prêtre dut être étrangement surpris de la confession que lui fit ce pauvre homme, et sembla, dès lors, l'entourer d'une particulière vénération. Sur la tombe on inscrivit un nom inconnu :

ROLLAN.

Les villageois s'étonnèrent ; à leurs questions le prêtre répondit :

— C'était un homme fort et juste ; il souffrit pour vaincre, remporta la victoire, et n'eut point d'orgueil. Au ciel l'attend sans doute la récompense qu'il ne voulut pas recevoir dans cette vie. Priez pour lui, gens de Bretagne, car c'était un vrai Breton.

Ce fut là l'oraison funèbre de Rollan Pied-de-Fer.

FIN DE ROLLAN PIED-DE-FER

LA TOUR DU LOUP

Légende de la nuit de Noël.

Voici un conte de Noël qui a été publié par moi en Belgique. Je l'ai rapporté de Bretagne, où je l'entendis pour la première fois dans une métairie du village de Lannoë, en la paroisse de Plouharnel. Le village se cache au fond de la coulée du Coat-Dor, souriante comme un coin du Paradis terrestre. Le bourg de Plouharnel est situé sur la côte, entre la baie de Quiberon qui porte le deuil d'un grand massacre et le pays de Carnac, où se voit la mystérieuse forêt des pierres plantées. Mon histoire ne ressemble guère à celles qu'écrivait sous cette forme mon bien-aimé ami et maître Charles Dickens ; mais chacun donne ce qu'il a. Je répète ce qu'ils racontaient chez le métivier Jean Maréchal, au village de Lannoë, sous la coulée du Coat-Dor.

I

Il y avait une fois, sous le gouvernement de St Gildas le Sage, septième abbé de Ruiz, dont l'entrée au ciel eut lieu en l'an du Seigneur 569, un jeune tenancier de l'abbaye qui était borgne de l'œil droit et boiteux de la jambe gauche. Il s'appelait Maria Ker de son nom, et sa mère Josserande Ker, était veuve de Martin Ker, en son vivant gardien armé de la portemagne du couvent de Ruiz.

La mère et le fils demeuraient dans une tour dont les ruines se voient encore au pied du mont St-Michel de la Trinité, dans le taillis de châtaigniers qui appartient à Jean Maréchal, neveu de M. le maire. On nomme maintenant ces ruines la tour du Loup, et *il y revient*.

Si vous ne savez pas ce que signifie cette façon de parler bretonne : « Il y revient, » on peut vous l'expliquer tout de suite. Les endroits où *il revient* sont ceux que hantent les âmes en peine des chrétiens pécheurs trépassés, soit sur la terre, soit sur la mer. Le long des nuits d'automne, et surtout la nuit qui mène de la Toussaint au jour des Morts, la baie de Quiberon est toute noire d'ombres qui appellent, dans le bruit des lames, le conventionnel Tallien, meurtrier des jeunes émigrés compagnons de Sombreuil, et Lazare Hoche, qui laissa commettre le grand meurtre. Je n'ai jamais entendu la plainte de ces malheureux enfants assassinés ; mais le vent crie, c'est certain, sur la mer mauvaise, et l'eau de la baie ressemble à de l'encre quand la lune chôme d'éclairer : cela, je l'ai vu.

Or, ceux qui *reviennent* dans le taillis de châtaigniers, autour de la tour du Loup et tout près du premier cercle des pierres plantées de Carnac, en arrivant par la route de Plouharnel, ne sont point des martyrs, victimes de la Convention nationale.

Ils vivaient tous les deux (car ils sont deux) au VIe siècle, sous le saint abbé Gildas le Sage, avec le tenancier borgne et boiteux Maria Ker et Josserande Ker, sa mère veuve.

Il y a un jeune homme et une jeune fille : Pol Bihan et Matheline du Coat-Dor.

Tous ceux qui ont passé vers l'heure de minuit entre le taillis et le cirque irrégulièrement tracé au-devant du prodigieux dédale des pierres plantées, les ont vus : la jeune fille accorte de taille, coiffée de longs cheveux flottants, mais *sans visage*, et le jeune gars bien campé sur ses jambes robustes, mais n'ayant rien dans les manches de sa veste qui tombent, molles et vides, le long de ses flancs. Ils vont autour du cirque en sens contraire l'un de l'autre, et la légende ajoute, ce qui est difficilement explicable, qu'ils ne se rencontrent jamais.

Jamais, non plus, ils ne se parlent.

Une fois par an, la nuit de Noël, au lieu de marcher, ils courent, et tous les chrétiens qui cheminent sur la lande pour aller à la messe de minuit les entendent de loin, la jeune fille gémissant : « Loup Maria Ker, rends-moi ma beauté ! » et le jeune homme criant : « Loup Maria Ker, rends-moi ma force ! »

II

Et cela dure depuis treize cents ans. Vous pensez bien qu'il y a une histoire.

Or, la voici :

Quand Martin Ker, le mari de dame Josserande, mourut, leur fils Maria n'avait encore que sept ans. La veuve fut obligée de laisser la garde de la grand'porte à un homme d'armes et se retira dans la tour qui était son héritage, mais le petit Maria Ker eut permission de suivre les études à l'école du couvent. On trouvait là, comme dans tous les couvents, quantité de maîtres, sachant tout ce qui se peut enseigner. Ils ne vendaient point leur science à l'exemple des professeurs d'aujourd'hui, ils la donnaient à qui voulait la prendre ; c'est pourquoi la justice de la libre ingratitude a pris la peine d'inventer un nom tout exprès pour caractériser ce cas de lumineuse charité. C'est le fameux mot barbare *obscurantisme*, qui fait si bien dans les libres sornettes des libres rabâcheurs.

Plus le monde vieillit, moins il garde de justice et plus il perd de sagesse : aussi mourra-t-il coquin et fou.

Le petit Maria montrait quelques dispositions naturelles, mais il travaillait peu, excepté pourtant à la classe de chimie, dirigée par un vieux moine nommé Thaël qui passait pour avoir découvert le secret de faire de l'or avec du plomb en y ajoutant une certaine substance que nul, excepté lui, ne connaissait, car si quelqu'un l'eût connue, tout le plomb du pays aurait été bien vite changé en or.

Quant à Thaël lui-même, il n'avait garde de profiter de son secret, parce que Gildas le Sage lui avait dit une fois : « Thaël, Thaël, Dieu ne veut pas que tu changes l'œuvre de ses doigts. Le plomb est plomb et l'or est or. Il y a assez d'or, il n'y a pas trop de plomb. Laisse agir Dieu, sinon Satan sera ton maître. »

Assurément, de pareils préceptes ne seraient pas d'un bon usage dans l'industrie moderne ; mais Gildas savait ce qu'il disait, et Thaël mourut de son grand âge avant d'avoir changé en or la moindre parcelle de plomb. Ce n'était pas faute de bonne envie ; la preuve c'est qu'après son décès, le bruit se répandit que Thaël n'avait pas déserté tout à fait son laboratoire et qu'il y revenait œuvrer.

Chacun sait bien que les trépassés ont congé la veille des grandes fêtes gardées : Thaël employait sans doute ces heures de vacances à visiter ses cornues et ses alambics, car les pêcheurs de nuit qui mouillaient au large entre Belle-Ile et la pointe voyaient briller de loin la fenêtre de son ancienne cellule aux vigiles de Pâques, de la Pentecôte et de la Noël. Gildas le Sage, ayant été averti du fait, se releva de son lit une certaine nuit, avant laudes, et traversa doucement les corridors avec la pensée de surprendre feu son vieux frère et de lui demander peut-être des détails sur l'autre côté de l'huis redoutable qui sépare la vie de la mort. Je dis peut-être, n'osant point mettre cette curiosité frivole au compte d'un saint qui portait le titre de sage.

S'étant donc approché de la cellule à bas bruit, Gildas écouta et entendit le soufflet de Thaël qui allait et halait, bien qu'on n'eût encore mis personne à remplacer le défunt dans son réduit. Gildas ouvrit brusquement la porte, ayant, comme de raison, à son trousseau d'abbé la clef de toutes les serrures, et se trouva en face, non point de Thaël, mais du petit Maria Ker en train d'activer les fourneaux de Thaël.

Saint Gildas n'était point de ceux qui se fâchent à tout bout de champ ; il prit l'enfant par l'oreille et l'attira dehors en lui disant bien paisiblement :

— Ker, mon petit Ker, je sais ce que tu tentes et ce qui te tente ; mais Dieu ne veut pas de cela, ni moi non plus, mon petit Ker.

— C'est que, répondit l'enfant, ma bonne mère est si pauvre !

— Ta mère est ce qu'elle est ; elle a ce que Dieu lui donne. Le plomb est plomb et l'or est or. Si tu vas contre le vouloir de Dieu, Satan sera ton maître.

Le petit Ker s'en revint à la tour, l'oreille basse, et ne se glissa plus jamais dans la cellule de feu Thaël ; mais quand il eut dix-huit ans, un modeste héritage lui étant échu, il acheta ce qu'il fallait pour fondre les métaux et distiller le suc des plantes ; son but, à ce qu'il disait, était d'apprendre l'art de guérir. Par le fait, il lisait de gros livres qui traitaient de la science médicale, c'est vrai, mais de bien d'autres choses encore.

C'était alors un adolescent de belle mine, au regard doux et clair ; il n'était encore ni borgne ni boiteux. Il vivait fort retiré avec sa mère qui l'aimait uniquement et ardemment. Personne ne les venait voir à la tour, sauf la rieuse Matheline, héritière du tenancier du Coat-Dor, dont Josserande était la marraine, et aussi Pol Bihan, fils du successeur de Martin Ker comme gardien armé de la porte-magne.

C'était Josserande qui avait appris à lire à sa filleule dans un vieux manuscrit de l'abbaye de Ruiz.

Tous les deux, Pol et Matheline, causaient ensemble souvent, et savez-vous de quoi ? Ils causaient de Maria Ker toujours. C'est donc qu'ils l'aimaient bien ? Non. Ce que Matheline aimait le mieux, c'était son propre minois, gentil à miracle, et le meilleur ami de Pol Bihan se nommait Pol Bihan. Matheline passait de longues heures à regarder son petit miroir d'acier qui lui renvoyait fidèlement son rire plein de perles, et Pol se complaisait dans l'orgueil de sa force, car il était le meilleur lutteur du pays de Carnac.

Quand ils causaient de Maria Ker ensemble, c'était pour dire :

— Si pourtant il allait trouver quelque beau matin le secret de la pierre-fée qui est la mère de l'or !

Et chacun d'eux ajoutait en soi-même :

— Il faut continuer de lui faire bon visage, car s'il devient riche, il m'enrichira.

Josserande aussi savait que son fils chéri poursuivait la pierre-fée ; elle s'en était même ouverte à Gildas le Sage, qui avait hoché sa tête vénérable, en disant : Ce que Dieu veut se fera. Veillez à ce que votre filiot tienne un bandeau sur ses yeux quand il cherche la chose maudite ; car ce qui s'échappe de la cornue, c'est le souffle de Satan, et le souffle de Satan rend aveugle.

Josserande, à cela songeant, allait s'agenouiller à la croix de St-Cado, qui est devant la septième pierre du camp de César : celle qu'un petit enfant remue en la touchant du doigt et que douze chevaux attelés avec douze bœufs ne pourraient point ébranler sur sa base profonde. Elle disait, ainsi prosternée : — Jésus Dieu qui avez pitié des mères, à cause de la sainte Vierge Marie, veillez bien sur mon petit Maria, et ôtez-lui de la cervelle cette idée de faire de l'or... à moins pourtant que vous n'ayez la bonne volonté de le rendre riche ; mon doux Sauveur, vous en êtes bien le maître. Et quel joli gars il serait avec une chape de fin drap et un chaperon bordé de fourrure, si d'acheter tout cela le moyen seulement il avait !

III

Il advint que tout ce jeune monde Pol Bihan, Matheline et Maria Ker, gagnant une année chaque fois que s'écoulaient douze mois, atteignit l'âge où l'on songe aux fiançailles. Josserande s'achemina un soir le long de la mare de Saint-Cado qui conduit aux roches du même nom. Elle gagna vers la tenance où demeurait le fermier du Coat-Dor et lui demanda la main de Matheline pour son fils Maria Ker. Du coup, Matheline ouvrit sa bouche rose si large, pour mieux rire, qu'elle y montra, tout au fond, deux perles qu'on n'avait encore jamais vues.

Et, son père l'ayant interrogée pour savoir si ce parti lui convenait bien, elle répondit :

— Oui, mon père et ma marraine, pourvu que Maria Ker me donne une cotte de drap d'argent, semée de rubis comme celle de la dame de Lannelan, qui possède les roches perchées de l'île de Groix, et pourvu que Pol Bihan soit notre garçon de noces.

Pol était là qui riait aussi.

— Je serai sûrement le garçon de noces de mon ami Maria Ker, dit-il, s'il consent à me donner un surcot de tréfutaine, lamé d'or comme celui du châtelain de Gâvre, seigneur de Belle-île-en-mer et moyen-justicier de Carnac, qui ne vaut pas mieux que moi pour porter si beaux ajustements.

Sur quoi Josserande revint à la tour et dit à son fils :

— Ker, mon mignon, je te conseille de choisir un autre ami et une autre fiancée ; ces deux-là, le gars et la fille, ne sont point de bonnes âmes.

Mais le jeune tenancier se mit à doler et à soupirer, disant :

— Point n'aurait d'amitié ni d'amour jamais, en ce monde, sinon pour Pol, mon cher compagnon, et pour Matheline votre filleule, ma compagne jolie.

Et, Josserande lui ayant parlé, par mauvaise chance, des deux perles neuves que Matheline avait montrées au fond de sa bouche, ce jour-là, à force de rire, il courut au Coat-Dor pour tâcher lui aussi, de les voir.

Il y a donc que sur la route de la tour au Coat-Dor se trouve la pointe du Hinnic, où l'herbe est salée, ce qui met vaches et béliers en brave humeur de s'éjouer quand ils y sont paissant. Comme Maria Ker cheminait dans le sentier au bout duquel est la Croix de St-Cado il vit au sommet du promontoire, Pol et Matheline qui se promenaient devisant et riant. Il pensa :

— Je n'aurai pas besoin d'aller loin pour voir les deux perles de Matheline.

Et de fait, on entendait d'en bas la fillette et les éclats de sa gaieté, car elle avait le caractère à la joie dès que Pol desserrait seulement les lèvres ; mais voilà qu'un grand vieux bélier qui avait brouté beaucoup d'herbe salée jeta en arrière ses deux cornes, pareilles à des volutes de colonnes païennes et lança deux cônes de fumée par les naseaux ; puis, bêlant aussi haut que les cerfs brament, il se rua dans la direction du rire de Matheline. Chacun sait que les béliers se fâchent quand on rit dans leur pré.

Il courait bien, mais Maria Ker courait mieux que lui, car ce fut Maria Ker qui arriva le premier auprès de la fillette et reçut le choc du bélier en la protégeant de son corps. Il n'en eut point trop de mal ; seulement son œil droit fut touché par le bout recourbé d'une des cornes, au moment où le bélier releva la tête, et ainsi devint-il borgne.

Le bélier, lui, empêché de châtier le rire de Matheline, se lança contre Bihan, qui fuyait, l'atteignit juste au rebord de la falaise et le poussa dans la mer, qui battait les roches à cinquante pieds-de-roi ci-dessous.

Y avait-il des pieds-de-roi, en ce temps-là ? Sûrement oui, et des rois aussi, même des rois de Quimper.

Le bélier s'en alla tout content d'avoir besogné si bien, et l'histoire dit qu'il rit dans sa barbe de laine. Mais Matheline se mit à pleurer, en criant.

— Ker, mon joli Ker, sauve Bihan, ton doux

ami, de mourir, et sur ma foi jurée, je serai ta femme sans condition !

En même temps, du contre-bas de la grande mer et parmi le bruit des lames, on entendit la plainte de Pol Bihan qui clamait :

— Maria ! ô Maria Ker ! mon premier compagnon, mon seul ami, je ne sais pas nager, viens vite me sauver de mourir sans confession, et tout ce que tu me demanderas tu l'auras, fût-ce le meilleur bien de mon cœur !

Maria Ker demanda :

— Seras-tu mon garçon de noces ?

Et Bihan répondit :

— Certes, certes, et je te donnerai cent écus ! Et tout ce que ta respectée mère me demandera, aussi l'aura... mais dépêche-toi vitement, ami chéri, car voici la vague qui m'emporte.

Maria Ker perdait son sang avec sa vue par le trou de son œil ; mais il était généreux de cœur et se jeta du haut du promontoire bellement. En tombant, sa jambe gauche toucha une roche à fleur d'eau par malheur et se cassa. Le voilà donc boiteux aussi bien que borgne, nonobstant quoi il ramena Bihan au rivage et demanda :

— A quand la bénédiction de nos fiançailles ?

Comme Matheline hésitait à répondre, car le bien fait était encore trop près pour qu'on pût se dédire, Bihan vint à son secours et s'écria gaiement :

— Il faut toujours bien attendre, Maria, mon sauveur, que tu sois guéri de ta jambe et de ton œil, que voilà dans un triste état pour plus d'un jour.

— D'autant, ajouta Matheline (et ce fut de cette fois que Maria Ker vit ses deux perles nouvelles, car son rire lui épanouit la bouche jusqu'aux oreilles), d'autant que je n'aime pas les boiteux ni les borgnes par mon goût, non !

— Mais, s'écria Maria Ker, c'est pour vous deux que je suis borgne et boiteux !

— C'est vrai, dit Bihan.

— C'est vrai ! répéta aussitôt Matheline, car toujours comme lui elle disait.

— Ker, mon ami Ker, reprit Bihan, attendons jusqu'à demain, et je te promets que tu seras content de nous.

En suite de quoi, ils s'en allèrent, Matheline et lui, bras dessus bras dessous, laissant le jeune tenancier cheminer seul, à cloche-pied, vers sa tour.

Le croiriez-vous ? Il se consolait en songeant qu'il avait vu deux perles neuves au fond d'un sourire...

Vous pensez, je parie, que jamais vous n'avez rencontré pareil innocent. Détrompez-vous :

ainsi sont tous ceux qui ont folie en tête pour fillettes riant des perles.

Mais quelqu'un de fâché, ce fut Josserande, la veuve, quand elle vit son filiot qui n'avait plus qu'une jambe et qu'un œil.

— Où as-tu perdu tout cela ? demanda-t-elle.

Et comme Maria Ker lui répondait doucement : — Elles sont bien mignonnes, mère, je les ai vues. Josserande devina qu'il parlait des deux perles de sa filleule et s'écria :

— Par-dessus le marché, mon gars a aussi perdu l'esprit !

Ayant donc pris son bâton, elle alla jusqu'à l'abbaye de Ruiz, où elle implora conseil de Saint Gildas pour savoir comment se conduire en ce cas malheureux, et le sage lui répondit :

— Il ne fallait pas parler des deux perles, votre fils serait resté chez lui ; mais maintenant que le mal est fait, il n'en arrivera que suivant la volonté de Dieu. La mer écume à son flux, cependant voyez comme elle s'en revient tranquille... Que fait Maria Ker à cette heure ?

— Il souffle, souffle ses fourneaux, répartit Josserande.

Le sage se mit à réfléchir, et au bout d'un peu de temps, il dit :

— C'est de prier dévotement le Seigneur notre Dieu, d'abord, et ensuite de bien regarder devant vous pour savoir où vous mettez vos pieds. Les faibles achètent les forts, et les malheureux les heureux, saviez-vous cela, ma chère commère ? Votre filiot va s'acharner à chercher la pierre-fée qui change le plomb en or, pour payer la mauvaise amitié de ce Pol et les perles qui sont au fond du mauvais sourire de cette Matheline. Puisque Dieu le permet, tout est bien. Faites, cependant, que l'enfant se garde contre l'haleine de sa cornue, car c'est le souffle même de Satan, et obtenez de lui qu'il ne manque d'assister à la messe de minuit.

C'était aux environs de la fête de Noël.

Tout le long des belles grèves qui vont de la rivière d'Etel au fort Penthièvre, il se raconte que Gildas le Sage n'était point arrivé de son pays d'Irlande en bateau, mais bien sur une île qui se détacha de la côte hybernienne pour traverser doucement la mer et déposer le saint homme sur les rivages de Bretagne. L'île est encore là, non loin de Plouharnel, et aux grand'-marées, on peut bien voir que par le dessous, elle a gardé la forme d'une nef. Gloire à Dieu !

IV

Quoi qu'il en soit, Josserande n'eut point de peine à obtenir de Maria Ker promesse d'aller à la messe de minuit, car il était bon chrétien. Et elle acheta une armure en fer pour en revêtir son filiot quand il besognait autour de ses cornues, afin de le préserver contre l'haleine de Satan.

Matheline, elle, songeait richesses sous le grand manteau de la cheminée du Coat-Dor, en faisant son ouvrage.

Et il arriva que tard et matin, Pol Bihan venait maintenant à la tour, amenant à son bras le sourire de Matheline, parce que le bruit se répandait que Maria Ker allait enfin trouver la pierre-fée et devenir un homme d'or. Ce n'était plus deux perles neuves que Matheline montrait aux coins de sa bouche rose, c'était tout un chapelet qui brillait, qui chatoyait, qui riait, depuis ses lèvres jusqu'en dedans de son gosier, parce que Pol Bihan lui avait dit :

— Ris tant que tu pourras ; le rire prend les innocents comme le miroir qui tourne attrape les alouettes.

Ce Bihan, malgré son nom de Bretagne, était du pays de Neustrie, et les Normands en savaient long dès ce temps-là. Quant à Matheline, nous avons parlé de ses lèvres, de son gosier, de son sourire, mais non point de son cœur : il y avait place où le mettre.

Voici, selon l'histoire, ce qu'elle répondit à Bihan :

— Tant qu'on voudra, je rirai pour être riche, et quand l'innocent m'aura donné tout l'or de la terre, tous les plaisirs de la terre j'achèterai : ainsi les aurai-je à moi, pour moi, et en jouirai.

Pol Bihan joignit les mains pour l'admirer, si jolie et si avisée qu'elle était pour son âge, mais il pensait.

— Je suis encore plus avisé que toi, ma mignonne : nous partagerons ce que l'innocent donnera, savoir : une moitié pour moi et l'autre aussi, le reste pour toi. Laissons couler l'eau sous le pont.

Le jour d'avant Noël, on les vit arriver ensemble à la tour, Pol et Matheline, avec des châtaignes dans un van et du cidre doux plein un grand broc, pour faire la veillée chez la marraine. Sous la cendre, ils rôtirent les châtaignes et mirent chauffer le cidre devant le feu en y ajoutant du miel fermenté, du moût, des tiges de romarin et des feuillettes de marjolaine. Dame Josserande elle-même voulut goûter à ce breuvage, tant il fleurait agréable odeur.

Or, il faut vous dire qu'en chemin, Pol avait recommandé à Matheline d'interroger adroitement Maria Ker, pour savoir quand il trouverait enfin la pierre-fée. Maria Ker ne mangeait châtaignes ni cidre, ni ne buvait, occupé qu'il était à contempler le rire de Matheline.

— Eh bien ! mon beau fiancé boîteux et borgne, lui demanda-t-elle, est-ce bientôt que je serai la femme d'un homme tout en or?

Maria Ker, dont l'œil rayonnait une flamme sombre, répondit :

— Vous auriez été aussi riche que vous êtes belle, demain, sans faute, ma fiancée, si je n'avais promis à ma chère mère de l'accompagner à la grand'messe de Noël, cette nuit.

L'heure favorable tombait justement au premier coup de matines...

— Aujourd'hui ?

— Entre aujourd'hui et demain.

— Et cela ne peut-il se remettre ?

— Si fait, cela peut se remettre à sept ans.

Dame Josserande n'entendait pas, parce que Pol lui contait une histoire pour l'empêcher d'ouïr, mais en contant, il écoutait, lui, de toutes ses oreilles.

Matheline ne riait plus et pensait : — Le plus souvent que j'attendrai sept ans !

Elle reprit :

— Beau fiancé, comment savez-vous que l'instant propice tombe justement à l'heure de matines ? qui vous l'a dit ?

— Les astres, répondit Maria Ker. Mars et Saturne arriveront à minuit en opposition diamétrale ; Vénus cherchera Vesta, Mercure sera noyé dans le soleil, et la planète sans nom que le défunt Thaël a devinée par le calcul, mes yeux l'ont vue, hier au soir, frayant sa route inconnue dans l'espace, pour venir en conjonction avec Jupiter. Ah ! si j'osais seulement désobéir à ma chère mère...

Il fut interrompu par une vibration lointaine de la cloche de Plouharnel qui tintait le premier son de la messe de minuit. Josserande quitta son rouet aussitôt :

— Ce serait péché de filer une aiguillée de plus, dit-elle ; allons, mon fils Maria, pouillez vos habits des dimanches et en route pour la paroisse, s'il vous plaît !

Maria voulut se lever, car il n'avait encore jamais désobéi à sa chère mère ; mais Matheline, assise auprès de lui, le retint, murmurant d'une voix douce :

— Mon bel ami, vous avez bien le temps de causer encore un peu.

De son côté, Pol disait à dame Josserande :

— Prenez toujours votre bâton, voisine, et mettez-vous en chemin pour aller à votre aise. Votre filleule Matheline va vous accompagner, et je suivrai avec mon ami Maria, de crainte que malheur lui arrive par sa jambe malade et son œil qui ne voit pas.

Ainsi fut fait, car Josserande était sans défiance, sachant que son filiot avait promis et tiendrait. Comme on se séparait, Pol dit tout bas à Matheline :

— Amuse bien la bonne femme, car il faut que l'innocent reste ici.

Et la fillette lui répondit :

— Tâche de voir la marmite où cuit notre fortune. Tu me diras comment c'est fait.

Voilà donc les deux femmes parties : un bon

grand cœur de mère, plein de tendre amour, et un petit gésier de moineau, tout étroit, tout sec, où il n'y avait pas tant seulement de quoi faire ni loger une brave larme !

Un instant, Maria Ker se tint sur le seuil de la porte ouverte pour les regarder aller. Dans le sentier blanc de neige, les deux silhouettes se détachaient : l'une courbée et déjà chancelante, l'autre droite, flexible, et qui à chaque pas semblait bondir. Le jeune tenancier soupira. Derrière lui, la voix de Pol Bihan dit tout bas :

— Je sais à quoi tu penses, Ker, mon compagnon, et tu as raison de penser ainsi : il faut en finir. Elle est aussi impatiente que toi : pour tous deux, c'est trop attendre.

Maria Ker se retourna joyeux.

— Dis-tu vrai ? balbutia-t-il ; serais-je si heureux que cela ?

On ne voyait plus les deux femmes, sur qui

la nuit s'était refermée au loin, mais le rire aigu de Matheline perça les ténèbres et arriva, moqueur comme le son de l'argent des avares.

— Oui, sur ma foi, répliquait cependant ce Normand de Bihan, elle ne fait que penser au jour de vos noces : quand fillette rit de trop, c'est pour ne pas pleurer, voilà la vraie vérité.

V

Ils pouvaient bien l'appeler « l'innocent », ce pauvre Maria Ker ! non point qu'il eût moins de cervelle qu'un autre, au contraire, c'était maintenant un savant; mais l'amour qui s'adresse à un objet indigne rend les plus sages insensés. Maria Ker valait dans son petit doigt deux douzaines de Pol Bihan et un demi-cent de Matheline, nonobstant quoi, Matheline et Pol Bihan faisaient bien de le mépriser, car l'homme qui se laisse aller de plus haut tombe plus bas.

Quand le jeune tenancier fut rentré dans sa tour, Pol se mit à soupirer gros autour de lui et à dire :

— C'est dommage ! ah ! vérité de Dieu ! c'est grand dommage assurément !

— Quoi donc qui est dommage ? demanda Maria Ker.

— C'est dommage de manquer si rare occasion !

Maria Ker s'écria :

— Quelle occasion ! Tu écoutais donc ce qui se disait entre moi et ma fiancée ?

— Oui bien, répartit Pol, j'ai toujours une oreille ouverte pour entendre ce qui te regarde, mon vrai ami. Sept ans ! Ah ! sept ans ! Et veux-tu que je te dise ? tu n'aurais que douze mois à attendre pour aller avec ta mère à une autre messe de Noël.

— J'ai promis, dit Maria.

— C'est égal, si ta maman t'aime bien, elle te pardonnera.

— Si elle m'aime ! s'écria Maria Ker ; ma mère ! oh ! oui, celle-là m'aime de toute la bonté de son cœur !

Il restait encore des châtaignes, car Bihan se mit à en éplucher une en disant :

— Certes, certes, les mères aiment toujours leurs enfants, mais Matheline n'est pas ta mère. Tu es borgne, tu es boiteux, et tu as vendu ton petit patrimoine pour acheter tes fourneaux. Rien ne t'en reste. Où est la fillette qui saura attendre sept ans, presque la moitié de son âge?... A ta place, moi, je n'irais pas jeter mon bien à l'eau, comme tu vas le faire, et à l'heure de matines, je travaillerais à mon bonheur!

Maria Ker était debout devant la cheminée. Il écoutait, l'œil à terre et les sourcils froncés.

— Tu as bien parlé, dit-il enfin : ma chère mère me pardonnera, je resterai et je travaillerai à l'heure des matines.

— Tout est donc pour le mieux! s'écria le Normand bien content; sois tranquille, je serai avec toi pour le cas de danger! ouvre la porte de ton laboratoire; nous besognerons ensemble, je ne te quitte pas plus que ton ombre!

Maria Ker ne bougea. Son regard était cloué au sol.

— Ce sera la première fois, pensa-t-il tout

haut, que j'aurai causé un chagrin à ma chère mère !

Puis il alla ouvrir une porte, il est vrai, mais non point celle du laboratoire, et mit Pol Bihan dehors en disant :

— Le danger est pour moi seul, l'or sera pour vous tous. Va à la sainte messe de Noël au lieu de moi, dis à Matheline qu'elle sera riche et à ma chère mère qu'elle aura une vieillesse heureuse, puisqu'elle vivra et mourra auprès de son fils heureux.

VI

Il y avait alors une forêt qui allait du champ de César, comme on appelait ces rues mornes et vides de la ville funéraire de Carnac, jusqu'à la mer, d'un côté, et qui rejoignait de l'autre, en passant la rivière d'Etel, le Blavet et le Scorf, les lieux où furent bâtis depuis Port-Louis, Hennebont et entre deux, presque de nos jours, la cité neuve de Lorient. Quand Maria Ker fut seul, il écouta le bruit du flux sur la grève et le bruit du vent dans les grands chênes : deux murmures énormes.

Et il se mit à regarder les siéges vides où naguère s'asseyaient Matheline, la folie de son cœur, et sa chère mère Josserande, sainte tendresse de toute sa vie.

Il avait vu petit à petit les noirs cheveux de la veuve grisonner, puis blanchir autour de ses tempes creusées. Je ne sais pourquoi, ce jour-là, ses souvenirs remontaient jusqu'à son berceau, au-dessus duquel se penchait le doux, le noble visage de celle qui lui avait toujours parlé de Dieu.

Mais d'où venaient ces boucles blondes qui se mêlaient aux cheveux noirs de Josserande et qui jouaient au soleil par-dessus ses cheveux blancs ? Et ce rire, ah ! ce rire argentin de la jeunesse qui empêchait Maria Ker d'entendre, dans la piété de ces souvenirs, la voix grave et bonne de sa mère, d'où venait-il ?

Sept ans ! Pol avait dit : « Où est la fillette qui peut attendre sept ans ? « et ces mots restaient dans l'air. Jamais le fils de Martin Ker n'avait écouté de si étranges voix parmi les plaintes de l'Océan, ni dans l'immense grondement de la forêt druidique.

Et tout à coup, la tour aussi se mit à parler, non-seulement par les fentes des vieilles fenêtres où le vent lugubre gémissait, mais par une confusion de bruits intérieurs qui ressemblaient aux longs chuchotements d'une foule et qui arrivaient à travers la porte close du laboratoire, sous laquelle une vive lueur passait.

Maria Ker ouvrit cette porte avec la crainte de se trouver en face d'un incendie, mais il n'y avait pas d'incendie ; ce qui éclairait par-dessous la porte, c'était l'œil rond et rouge de son fourneau, qui tombait juste sur la pierre du seuil. Et, bien qu'il n'y eût personne dans le laboratoire, ces bruits semblables au bavardage d'une foule qui attend un spectacle promis, ne se taisaient point. L'air était plein de choses parlantes, on y sentait grouiller les esprits aussi dru serrés que le froment au grenier ou le sable en plage.

Ils disaient, ceux-là qu'on ne voyait point, toute sorte de mots-fantômes qu'on entendait à droite, à gauche, devant et derrière, dessus et dessous, et qui pénétraient par les pores de la peau comme le vif-argent passe à travers la toile ; ils disaient : .

— Les Mages sont en route, mon ami.

— Mon ami, l'Étoile a brillé vers l'Orient.

— Mon ami, mon ami, le petit roi Jésus naît dans sa crèche, sur la paille.

— Maria Ker ira sûrement avec les bergers.

— Du tout point, Maria Ker n'ira pas.

— Bon chrétien il était.

— Bon chrétien n'est plus.

— Il a oublié le nom de Joseph, le chaste époux...

— Et le nom de Marie, la Mère toujours Vierge...

— Non, non, non !

— Si, si, si, !

— Il ira !

— Il n'ira pas !

— Il ira, puisqu'il l'a promis à dame Josserande.

— Il n'ira pas, puisque Matheline lui a dit de rester.

— Mon ami, mon ami, c'est cette nuit que Maria Ker va trouver le secret d'or !

— C'est cette nuit, mon ami, qu'il va gagner le cœur de celle qu'il aime !

Et les esprits invisibles, se disputant ainsi, jouaient à travers l'air, montaient, descendaient, tourbillonnaient comme les atomes de la poussière dans un rayon de soleil, depuis les dalles qui recouvraient le sol jusqu'aux pierres de la voûte.

A l'intérieur du fourneau, dans le creuset, quelque autre chose répondait ; mais on ne pouvait pas bien entendre, parce que le creuset était luté avec soin, selon l'art hermétique.

— Sortez d'ici, méchante cohue, dit Maria Ker, qui prit un balai de branches de houx. Que venez-vous faire chez moi ? Allez dehors, esprits mauvais, âmes damnées, allez, allez !

Tous les coins de la chambre se mirent à rire. On eût dit que Matheline était partout.

Puis un profond silence se fit soudain, pour écouter les cloches de Plouharnel voyageant avec le vent de la mer et tintant le second son de la messe de minuit.

— Mon ami que disent-elles ?

— Elles disent Noël, mon ami: Noël, Noël, Noël !

— Nenni-da ! elles disent : de l'or, de l'or, de l'or !

— Tu mens, mon ami !

— Mon ami, tu mens !

Et les autres voix, celles qui bourdonnaient à l'intérieur du fourneau s'enflaient, s'enflaient. Le feu que personne ne soufflait, s'activait de lui-même, ardent comme l'âme d'une forge.

Le creuset devenait rouge, et les pierres du fourneau lui-même se teintaient d'écarlate sombr .

Vous pensez que Maria Ker avait beau balayer avec son balai de houx; entre les branchettes chargées de feuilles piquantes, les bons esprits passaient avec leur étoile au front, les mauvais avec leurs cornes, rien ne s'y prenait. Il faisait si chaud, que le jeune tenancier était baigné de sueur.

Quand le second son eut fini de carillonner, il pensa:

— J'étouffe et je vais ouvrir la fenêtre pour donner issue à la chaleur, aussi bien qu'à la tourbe des esprits méchants.

Mais dès qu'il eut ouvert sa croisée, la campagne entière se prit à rire sous son blanc manteau de neige: landes, guérets et pierres-plantées; il n'y eut pas jusqu'aux chênes énormes de la forêt, avec leurs cimes éclatantes, qui ne secouèrent leurs frimas en disant:

— Maria Ker ira!

— Maria Ker n'ira pas!

Pas un esprit du dedans ne s'envola, tandis que tous les esprits du dehors entrèrent marmottant, bavardant, riant: — Si, si, si, si! — Non, non, non, non!

Et je crois qu'ils se battirent, à leur manière, entre bons et méchants esprits.

En même temps, sur les cailloux du chemin qui passait devant la tour, le pas d'une cavalerie retentit, et Maria Ker reconnut la longue procession des moines de Ruiz, menée par le grand abbé, Gildas le Sage, crossé, mitré et allant à la messe de Ploubarnel, parce que la chapelle du couvent était en reconstruction.

Ils arrivaient tout noirs sur la route blanche

Quand la tête de la cavalcade approcha de la tour, le grand abbé commanda :

— Mes gardes armés, donnez du cor pour éveiller le filiot de dame Josserande !

Et aussitôt les cors de corner, jusqu'à ce que Gildas le Sage leur eût dit :

— Taisez-vous, puisque voilà mon tenancier bien réveillé à sa croisée.

Le silence s'étant fait, le grand abbé leva sa crosse et reprit :

— Mon tenancier, voici venir la première heure du jour de Noël, qui est fête majeure et maxime. Éteins tes fourneaux pour courir à la messe, tu n'as que le temps bien juste.

Et il passa, pendant que ceux de la procession se remettaient en marche, répétant :

— Maria Ker, tu n'as que le temps, hâte-toi !

Les voix de l'air radotaient : — Il ira ! — il

n'ira pas, et le vent soufflait des sarcasmes sonores.

Maria Ker ferma sa croisée. Il s'assit, la tête entre ses mains. Son cœur était déchiré par deux forces qui le tiraient l'une à droite, l'autre à gauche : la prière de sa mère et le rire de Matheline.

Ce n'était pas un avare ; il ne souhaitait pas l'or pour l'or, mais bien pour acheter ce chapelet de perles et de sourires qui pendait aux lèvres de Matheline...

— Noël! cria une voix dans l'air.

— Noël, Noël, Noël! répétèrent toutes les autres voix.

Maria Ker ouvrit les yeux en sursaut et vit que le fourneau était d'un rouge ardent du haut jusqu'en bas et que le creuset s'entourait de rayons si éblouissants qu'on ne pouvait pas seulement le regarder. Quelque chose bouillonnait qui rendait un bruit de tempête.

— Mère ! ô ma chère mère ! s'écria le jeune tenancier épouvanté, j'y vais, j'y cours...

Mais des milliers de petites voix piquèrent ses oreilles, disant :

— Trop tard, trop tard, trop tard, il est trop tard !

Et, en effet, le vent de mer apportait le troisième son du clocher de Plouharnel, qui lui aussi disait : « Trop tard ! »

Il était trop tard. Dans la profonde nuit le jour naissait, le grand jour qui vit le premier sourire de Jésus.

Noël ! Noël ! Noël ! Gloire à Dieu ! Salut, Vierge immaculée. Bonjour, saint Joseph, ouvrier fils de roi, maître de la sainte Famille !

Les enfants, les hommes, les femmes, venez, oh ! venez tous ! *Venite adoremus !* Venez adorer l'hostie qui naît dans la crèche de Bethléem. Noël! Noël! Alleluia

VII

Comme le troisième son finissait de tinter, la clepsydre laissa échapper sa dernière goutte d'eau et marqua l'heure de minuit. Alors, le fourneau se fendit, montrant le creuset incandescent, qui éclata avec un fracas terrible et lança jusqu'au ciel, à travers la voûte déchirée, une gigantesque flamme.

Maria Ker, enveloppé par le feu, se jeta la face contre terre et fut noyé dans une brûlante vapeur.

Un silence de mort l'entourait, du fond duquel une voix semblable au tonnerre s'éleva qui lui dit : « Relève-toi. » Et il se releva.

A la place où était naguère le fourneau dont il ne restait plus vestige, un homme, un colosse plutôt, était debout, et Maria Ker n'eut besoin que d'un seul coup d'œil pour reconnaître en lui l'esprit du mal, revêtu de la forme humaine.

La matière de son corps semblait être le fer, chauffé au rouge et transparent, car on voyait l'or liquide qui coulait, au lieu de sang, dans ses veines, tour à tour attiré et repoussé par son cœur, noir comme un charbon éteint.

Cette créature, à la fois formidable et belle, étendit la main vers le mur de la tour qui faisait face à la mer et, dans ce mur épais, une brèche s'ouvrit largement.

— Regarde, dit Satan.

Maria Ker obéit. Il vit, comme si la distance eût été supprimée, l'intérieur de la modeste église de Plouharnel où les fidèles étaient assemblés. L'officiant montait justement à l'autel, tout éclatant de « chandelles de Noël, » et la pompe était grande, parce que la nombreuse compagnie de Gildas le Sage assistait le pauvre clergé de la paroisse.

Dans un coin, à l'ombre d'un pilier, s'agenouillait dame Josserande, qui priait de son mieux, la chère femme, mais qui souvent, malgré elle, regardait vers la porte pour voir si son filiot allait enfin venir.

Non loin d'elle était Matheline du Coat-Dor, attifée bravement et bien jolie, mais distribuant à qui les voulait avoir les perles de son sourire et n'oubliant personne excepté Dieu. Tout auprès de Matheline, Pol Bihan carrait ses larges épaules.

Et, de même que Satan avait donné à la vue de Maria Ker le pouvoir de percer les murailles, de même lui permit-il de voir le fond des cœurs.

Dans le cœur de sa mère, il se vit lui-même comme en un miroir. Ce cœur tout entier était plein de lui. La bonne Josserande priait pour lui; elle réunissait Jésus, Marie et Joseph, toute la sainte Famille, dont Noël est la fête, dans la pieuse oraison qui tombait de ses lèvres; son cœur disait à Dieu: « Mon fils, mon fils, mon fils, » toujours et toujours.

Dans le cœur de Pol, Maria Ker vit l'orgueil de la force et la grossière avidité. Dans ce qui tenait lieu de cœur à Matheline, il vit Matheline et ne vit rien que Matheline en adoration devant Matheline.

Les rieuses ne sont pas toutes ainsi, je suis prêt à le proclamer: il y a de bons rires, et le bon rire est charmant, parmi toutes les fleurs de la terre... mais pourtant méfiez-vous!

— J'ai assez regardé, dit Maria Ker.

— Alors, fit Satan, écoute.

Et tout aussitôt, la musique sacrée chanta dans les oreilles du jeune tenancier comme s'il eût été au plein milieu de l'église de Plouharnel. On était au *Sanctus:* « Saint, Saint, Saint est le Seigneur Dieu! Les cieux et la terre sont remplis par la majesté de sa Gloire...

Dame Josserande disait cela comme les autres, mais à travers cela, elle pensait:

— Qu'il soit heureux, ô Jésus, bonté infinie! délivrez-le de tout mal et de tout péché. Je n'ai plus que lui à aimer... Saint, Saint, Saint, donnez-moi toute la peine et gardez pour lui tout le bonheur!

Le croiriez-vous? tout en respirant pieusement le parfum de ce cantique, le jeune tenancier voulut savoir aussi ce que Matheline disait à Dieu.

Tout parle à Dieu, les bêtes fauves dans la forêt, les oiseaux dans l'air et jusqu'aux plantes qui ont leurs racines dans la terre.

Mais ces « bonnes filles » qui vendent les perles de leur rire sont au-dessous des animaux et des végétaux.

Il n'y a rien au-dessous d'elles, sinon Pol Bihan.

Au lieu de parler à Dieu, Pol Bihan et Matheline causaient tout bas, et Maria Ker les entendait comme si entre eux deux il eût été. Voilà ce qu'ils se disaient :

— Combien l'innocent me donnera-t-il ? demandait Matheline.

— L'innocent te donnera tout, répondait Pol.

— Et me faudra-t-il vraiment borgner avec ce borgne, boiter avec ce boiteux ?

Maria Ker sentit son cœur s'en aller.

— Vierge-Mère, priait cependant Josserande, ô toujours vierge! ayez pitié de mon cher enfant! Comme Jésus est votre cœur admirable, Maria Ker est mon pauvre cœur...

— Eh bien! reprenait Bihan, on peut bien borgner et boiter un peu pour gagner tout l'or du monde!

— C'est vrai, mais combien de temps?

Maria Ker retint son souffle pour mieux prêter l'oreille.

— Le temps juste que tu voudras, répondit Pol Bihan.

Et il y eut un silence, après quoi cette gaie Matheline reprit plus bas:

— C'est que... on dit qu'on ne peut plus rire quand on a tué quelqu'un, et moi, je voudrais toujours rire.

— Ne suis-je pas là? répliqua Bihan. Et n'est-il pas certain que l'innocent me cherchera querelle une fois ou l'autre? Je ferai craquer ses os rien qu'en le serrant dans mes bras, compte sur ma force!

— J'ai assez écouté, dit Maria Ker à Satan.

— Et l'aimes-tu encore, ce Bihan?

— Non, je le méprise.

— Et Matheline, l'aimes-tu encore?

— Oui, oh! oui... mais je la hais!

— C'est bien, dit Satan, tu es lâche et méchant comme tous tes frères, les hommes. Puisque tu as assez regardé au loin, écouté et regarde à tes pieds.

La muraille se referma avec un grand bruit de pierres de taille qui s'embrassent et Maria Ker vit qu'il était entouré par un amas énorme de pièces d'or dont le niveau montait plus haut que sa ceinture et qui s'agitaient doucement, chantant la symphonie des richesses. Tout était or autour de lui et par l'effondrement de la voûte, la pluie d'or continuait de tomber.

— Suis-je le maître de ceci? demanda María Ker.

— Oui, répondit Satan. Tu m'as forcé, moi qui suis l'Or, à jaillir hors de mes cavernes; donc tu es le maître de l'or, pourvu que tu l'achètes au prix de ton âme. On ne peut pas avoir Dieu et l'or. Il faut choisir.

— J'ai choisi, dit Maria Ker: je garde mon âme.

— Tu es bien décidé?

— Bien décidé!

— Une fois, deux fois..., réfléchis! Tu viens de m'avouer que tu aimes encore la rieuse Matheline.

— Et que je la hais, oui, c'est juste, mais je veux être, dans l'éternité, avec ma chère mère Josserande.

— Sans les mères, grommela Satan, j'aurais aussi par trop beau jeu en ce monde!

Et il ajouta :

— Trois fois... adjugé!

Le monceau d'or s'agita comme l'eau d'une cascade, et bondit et chanta, heurtant les uns contre les autres ses millions de petits disques sonores, puis tout disparut ; la chambre resta noire comme un lieu où l'incendie a passé. On n'y voyait plus goutte, sinon par la lueur sombre que suait le corps de fer de Satan. Alors, Maria Ker lui dit :

— Puisque tout est fini, retire-toi,

VIII

Mais le démon ne bougea pas.

— Penses-tu donc, demanda-t-il que tu m as fait venir pour rien? Il y a la loi. Tu n'es pas tout à fait mon esclave, puisque tu as gardé ton âme, mais parce que tu m'as librement appelé et que je suis venu, tu es mon leude; j'ai une part de droit sur toi, les petits enfants savent cela, je m'étonne que tu l'ignores : de minuit à trois heures du matin, toutes les nuits, désormais, tu m'appartiens en forme d'animal-garou tournant, courant, plaignant, sans secours de Dieu. Voilà ce que tu dois à ton ami si fort, à ta fiancée si belle. Réglons l'affaire avant mon départ : quel animal veux-tu être : cerf qui brame, bœuf qui meugle, mouton qui bêle, coq qui chante ? Si tu te faisais chien, tu pourrais te coucher aux pieds de Matheline et Bihan te mènerait à la chasse sous bois.

— Je veux, s'écria Maria Ker, dont la colère éclata à ces mots : je veux être loup pour les dévorer tous deux !

— Soit, dit Satan, loup tu seras, trois heures de nuit, durant toute ta vie mortelle... Saute, garou !

Et le loup Maria Ker sauta, donnant de sa tête fauve contre le châssis de la croisée, qu'il perça pour se précipiter au dehors.

Satan, lui, s'en alla par le trou de la voûte et déploya une paire d'ailes immenses, qui ramèrent dans le vent en battant les étoiles, pour s'éloigner du clocher de Plouharnel, dont le carillon tintait l'élévation de la sainte Hostie.

IX

Je ne sais pas si vous avez jamais vu le village breton sortir de la messe de minuit. C'est un joyeux spectacle, mais qui dure peu, parce que chacun est pressé de rentrer chez soi, où le réveillon attend : pauvre festin, mangé de si bon cœur !

La foule, un instant massée dans le cimetière, plein d'invitations hospitalières, d'appels et de gaietés, se divise bientôt en petites caravanes qui se hâtent par les chemins, riant, bavardant, chantant.

S'il fait un beau froid, on entend longtemps encore, du parvis déjà désert, le bruit des sabots claquant sur la gelée; s'il fait mouillé, le clapotement s'étouffe vite, et au bout de quelques minutes, c'est à peine si l'on suit encore un « au revoir, » un lambeau de noël chanté à tue-tête, ou l'écho d'une brave plaisanterie autour de l'église que le bedeau est en train de refermer.

Au milieu de toute cette bonne humeur. Josserande seule s'en revenait bien triste, parce que, la messe durant, elle avait en vain attendu son filiot.

Elle marchait à cinquante pas derrière la cavalcade des moines de Ruiz et n'osait s'approcher du grand abbé Gildas, de peur d'être obligée d'accuser son fils chéri.

A sa droite allait Matheline du Coat-Dor; à sa gauche, Bihan, tous les deux bien empressés à la soutenir et à la consoler aussi, car, dans leur idée, à l'heure qu'il était Maria Ker, au fond de son laboratoire, devait avoir le trésor qui ne se peut compter, et, il fallait avoir la mère pour bien tenir le fils.

Aussi c'étaient des promesses et des caresses, en veux-tu, en voilà.

— Ma marraine, je serai près de vous toujours, disait Matheline, à soutenir et régayer votre vieil âge, car votre fils est mon cœur.

Pol Bihan reprenait :

— Je ne prendrai point femme, pour rester toujours avec mon ami Maria Ker, que je chéris plus que moi-même. Et ne vous inquiétez de rien ; s'il est faible, je suis fort : pour deux je travaillerai.

Dire que dame Josserande prêtait beaucoup d'attention à ces paroles serait mensonge, car elle n'avait dans l'âme que son fils et se disait :

— Voici la première fois qu'il me désobéit et me trompe. Le démon d'avarice est entré en lui. Qu'a-t-il donc tant besoin d'or, mon Dieu ! Toutes les richesses de l'univers peuvent-elles payer une seule des larmes que l'ingratitude d'un fils bien-aimé arrache aux pauvres yeux de sa mère !

Tout à coup, elle s'arrêta de penser, parce que ses oreilles écoutaient un son de trompe retentissant dans la nuit.

— C'est le cor du couvent, dit Matheline.

— Et il sonne au loup ! ajouta Pol.

— Que peut faire le loup, demanda Josserande, à une troupe bien montée comme la cavalerie de Gildas le Sage ? Et, d'ailleurs, le saint abbé, avec une seule parole, ne pourrait-il pas mettre en fuite cent loups ?

On était arrivé à la lande de Carnac, où sont les deux mille sept cent vingt-neuf pierres plantées, et les moines avaient déjà dépassé la place ronde où rien ne croît, ni herbe, ni bruyère, et qui ressemble à une bassine énorme, une bassine pour cuire la bouillie d'avoine, ou bien encore à un manége pour exercer les chevaux.

De là, on pouvait voir la tour d'un côté, noire et morne, de l'autre les rangées d'obélisques bossus, alignés à perte de vue, moitié noirs, moitié blancs, à cause de la neige qui mettait une tache éclatante à chacune de leurs aspérités.

Josserande, Matheline et Pol Bihan débouchaient par le chemin creux qui dévale vers Plouharnel. La lune jouait à cache-cache derrière un troupeau de petits nuages qui trottaient au ciel comme des moutons.

Quelque chose d'étonnant alors arriva. On vit la cavalerie des moines reculer depuis l'entrée des avenues jusqu'au milieu du cirque, pendant que le cor sonnait en détresse et que de grands cris montaient qui disaient : « Au loup ! au loup ! au loup ! »

En même temps, on pouvait ouïr la ferraille des gardes armés qui ferraillait, et les piétinements des chevaux, et tous les bruits d'une lutte acharnée, par-dessus quoi la voix toujours tranquille de Gildas le Sage disait avec autorité : « Loup, mauvais loup, je te défends de toucher aux gens de Dieu ! »

Mais il paraît que le mauvais loup ne se pressait pas d'obéir, car la cavalcade versait de ci de là comme si une convulsion intérieure l'eût secouée, et, la lune étant sortie des nuages, on put distinguer une bête énorme aux prises avec les bourdons des moines, avec les hallebardes des gardes armés, avec les fourches, avec les épieux sde paysans, accourus de toutes parts à l'appel de la trompe de Ruiz

La bête recevait beaucoup de blessures, mais elle avait la vie chevillée dans le corps. Elle chargeait, elle se ruait, elle mordait, si bel et si bien que le large se fit autour du grand abbé, qui resta enfin seul en face du loup.

Car c'était un loup.

Et, le grand abbé l'ayant touché de sa crosse, le loup se coucha à ses pieds, pantelant, tremblant et sanglant. Après quoi, Gildas le Sage se pencha et le considéra très-attentivement, puis dit :

— Jamais n'arrive rien que Dieu n'ait voulu. Où est donc dame Josserande ?

— Je suis présente ici, répondit une pauvre voix pleine de larmes, et j'ai la pensée d'un cruel malheur.

Elle était seule aussi, parce que Matheline et

Pol Bihan, pris d'épouvante, s'étaient sauvés à travers champs dès le commencement, la laissant abandonnée. Le grand abbé l'appela et lui dit :

— Femme, ne désespère point. Au-dessus de toi est la Bonté qui remplit toute la terre et tout le ciel. Cependant, garde ton loup avec toi ; nous autres, nous retournons au monastère, pour demander au sommeil la force de servir le Seigneur Dieu.

Et il se remit en marche, suivi de son escorte.

Le loup ne bougeait plus, sa langue pendait dans la neige, qui était toute rouge de son sang. Josserande s'agenouilla auprès de lui et pria ardemment. Pour qui? Pour son fils chéri. Savait-elle déjà que le loup était Maria Ker? Certes, une pareille chose ne se devine point, mais où trouver la forme sous laquelle une mère ne devine point son enfant bien-aimé?

Elle défendit le loup contre les paysans qui revenaient le frapper avec leurs fourches et leurs épieux, parce qu'ils le croyaient mort. Les deux derniers qui vinrent furent Pol Bihan et Matheline. Pol Bihan lui donna de son talon par la tête en disant: « Tiens, innocent! » et Matheline l'assaillit à coups de pierres, criant: « Innocent, tiens, tiens, tiens! »

Songez qu'ils avaient espéré tout l'or du monde, et que cette bête morte ne pouvait plus rien leur donner!

Après du temps, deux guenilleux, quémendiants et chercheurs de pain, ayant passé, aidèrent Josserande à porter le loup dans la tour. Pour faire la charité, il n'y a que les pauvres, qui sont la figure de Jésus-Christ.

X

Le jour venait. C'était un homme qui dormait dans le lit de Maria Ker, où veuve Josserande avait couché un loup. La chambre avait gardé les marques de l'incendie : la neige tombait par le trou de la voûte. Le visage du jeune tenancier était marbré de coups, et ses cheveux, collés par le sang, tombaient en mèches rigides.

Dans son sommeil fiévreux, il parlait ; le nom qui s'échappait de ses lèvres était celui de Matheline.

Au chevet, la mère veillait et priait.

Quand Maria Ker s'éveilla, il pleura, parce

que l'idée de sa condamnation lui revint, mais le souvenir de Pol et de Matheline sécha les larmes dans ses yeux brûlants.

— C'est pour ceux-là, dit-il, que j'ai oublié Dieu et ma mère. Je sens encore à mon front le talon de mon ami, et jusque dans le fond de mon cœur le choc des pierres que me jetait ma fiancée !

— Chéri, murmura Josserande, plus chéri que jamais, je ne sais rien, raconte-moi tout.

Maria Ker fit comme sa mère voulait. Quand il eut achevé, Josserande le baisa, prit son bâton et s'achemina vers le couvent de Ruiz, pour demander, selon sa coutume, aide et conseil à Gildas le Sage.

En chemin, les hommes, les femmes et les enfants la regardaient curieusement, car on savait déjà qu'elle était la mère d'un loup. Derrière la haie même qui fermait le verger de l'abbaye, Matheline et Pol s'étaient cachés pour la voir passer.

Josserande entendit Pol qui disait :

— Viendras-tu, ce soir, voir le garou tourner ?

— Certes je n'y manquerai point, répartit Matheline.

Et la pointe de son rire entra dans le cœur de Josserande comme une épine empoisonnée.

Le grand'abbé l'attendait, entouré de gros livres et de manuscrits poudreux. Quand elle voulut lui expliquer le cas de son filiot, il l'arrêta et dit :

— Veuve de Martin Ker, pauvre bonne femme, depuis le commencement du monde, Satan, démon de l'or et de l'orgueil, en a fait bien d'autres ! Te souviens-tu du frère défunt, Thaël, qui est un saint pour avoir résisté au désir de faire de l'or, lui qui en avait la puissance ?

— Oui, répondit Josserande, et plût au ciel que mon Maria Ker l'eût imité !

— Eh bien ! reprit Gildas le Sage, au lieu de dormir, j'ai passé tout le restant de ma nuit avec le saint Thaël à chercher un moyen de sauver ton fils Maria Ker.

— Et l'avez-vous trouvé, mon père ?

Le grand abbé ne répondit ni oui ni non, mais il se mit à feuilleter un manuscrit très épais où étaient des peintures. Et en fouillant, il disait :

— La vie jaillit de la mort, selon la parole divine ; la mort saisit le vif, selon la loi païenne de Rome, et c'est presque la même chose, dans l'ordre des misérables ambitions temporelles, car l'héritage est une force, une vie qui s'élance hors d'un cercueil. Voici un livre du défunt Thaël qui traite la question des maladies causées par l'haleine de l'or, poison mortel...

Femme, aurais-tu le courage de frapper le loup qui est ton fils unique et bien-aimé, de le frapper, dis-je, au front d'un coup de hache bien frappé, assez fort pour lui fendre le crâne ?

A ces mots, Josserande tomba de son haut sur le carreau comme si elle-même eût été frappée d'un coup de couteau au cœur ; mais, du fond même de son agonie, car elle se sentait mourir, elle répliqua :

— Si vous m'ordonniez de le faire, je le ferais.

— Tu as donc grande confiance en moi, pauvre femme ? s'écria Gildas attendri.

— Vous êtes l'homme de Dieu, répondit Josserande, et j'ai foi en Dieu.

Gildas le Sage se prosterna et meurtrit sa poitrine, connaissant qu'il avait eu un mouvement d'orgueil. Puis, se relevant, il releva Josserande et baisa le bas de sa robe, disant :

— Femme, j'adore en toi la très-sainte foi : prépare ta hache et l'aiguise !

XI

Ceci n'est qu'un récit de paysan, dans lequel j'ai essayé, peut-être à tort, de mettre un certain ordre et une certaine suite, mais les paroles que je viens de transcrire sont dites textuellement aux veillées, et le conteur ajoute, dans l'énergique patois de Vannes :

— Chrétiens, n'y a pas au-dessus de la Foï qu'est la mère de l'Espérance et par ainsi la grand'maman du saint Amour qui mène en haut du paradis de Dieu.

Puisque nous en sommes à causer un instant tous deux, lecteur ami, vous avez dû remarquer la rancune professée par notre légende contre le rire et ses fausses perles. Il ne faudrait pas s'y méprendre, quoique la légende soit mélancolique par nature. Ce n'est pas la gaieté qu'elle déteste, c'est le *doute*, ce rire grimaçant et grinçant que Paris lui expédie par ballots de chansons idiotes et de plaisanteries obscènes. La légende bretonne a peur du rire à cause de Paris, ce monstre rieur qu'elle n'a jamais vu, mais qu'elle se représente comme une boutique immense où se vend et s'achète tout le mal de l'univers.

A-t-elle tort?

Non et oui.

Paris, il est vrai, fournit des refrains aux ivrognes et verse aux pauvres enfants le poison de la lecture qui tue ; — mais les beaux cantiques aussi qui viennent de Paris ! Et les belles pages portant aux extrémités de la terre le bienfait de la lecture qui console, éclaire et guérit !

Paris est le bien, si Paris est le mal...

Mais au moment de conclure, j'écoute et je regarde. Quel bruit se dégage du grand bruit de Paris ! un concert de gaudrioles imbéciles, chantant si haut qu'elles empêchent presque d'entendre le braîment des âneries politiques. Et quel spectacle domine tous les autres spectacles ? l'insulte à Dieu. Dieu est cloué sur toutes les murailles de Paris dans la personne du prêtre. Les journaux qui affichent rouge charcutent le prêtre, le salent, le cuisent et le servent ainsi à ceux qui ne préfèrent pas le dévorer cru.

Aux étrangers qui demandent quel est le mets en vogue à Paris, il faut répondre : « Prêtre saignant à la gaudriole. »

Et je n'ose plus prétendre que la légende bretonne ait tort de se méfier du rire de Paris.

XII

Revenons à nos moutons, ou plutôt à notre loup.

Du temps de Gildas le Sage, les nuits de la campagne armoricaine étaient encore plus désertes qu'aujourd'hui, à cause de l'invasion des chênes qui, débordant hors des forêts, couvraient les cultures et barraient jusqu'aux routes.

Entre les lieux les plus déserts, on pouvait citer le champ de César, comme on appelait encore la ville des pierres dressées, l'opinion commune étant que les géants païens, enterrés sous ces roches, rôdaient du soir au matin dans les longues avenues et guettaient les allants attardés, pour leur tordre le cou.

Cette nuit, pourtant, qui était celle du lendemain de Noël, il y avait du monde, vers onze heures du soir, sur la lande, en avant des pierres de Carnac, tout autour de la Bassine, ou cirque qui montrait aux rayons de la lune son enceinte irrégulière.

Le dedans de l'enceinte était complétement solitaire.

En dehors de l'enceinte, on ne voyait personne, il est vrai, mais on entendait chuchoter beaucoup dans l'ombre des hautes roches, sous l'abri des cépées de chênes et jusque dans les touffes de genêts épineux. Il y avait là tout un rassemblement de gens qui attendaient quelque chose, et ce quelque chose était le loup Maria Ker.

Il était venu du monde de Plouharnel et aussi de Lannelan, de Carnac et même de Kercado; il était venu du monde jusque de l'ancienne ville de Crach, audelà de la Trinité, où demeuraient jadis les treize bardes de Bel.

Qui avait convoqué tous ces gens-là, jeunes et vieux, hommes et femmes? la légende ne l'explique pas; mais il est vraisemblable que Matheline avait semé çà et là les perles cruelles de son rire, et que **Pol Bihan** ne s'était pas privé de raconter ce qu'il avait vu en sortant de la messe de minuit.

De manière ou d'autre, le pays entier, à quatre ou cinq lieues à la ronde, savait que le fils de Martin Ker, tenancier de l'abbaye, était loup-garou et qu'il menait son métier à l'endroit où les loups-garous travaillent, c'est-à-dire à la

Bassine des Païens, entre la tour et les pierres chômées.

Beaucoup parmi ceux qui attendaient n'avaient jamais vu de loup-garou ; il régnait dans la foule disséminée par groupes invisibles une fièvre faite de curiosité, de terreurs et d'impatiences ; les minutes s'allongeaient à mesure qu'elles passaient, et il semblait que minuit, arrêté en route, ne dût jamais venir.

Il n'y avait pas d'horloges dans la contrée, mais on sonnait matines au couvent de Ruitz au moment juste où la vingt-quatrième heure du jour décédé expirait ; on était donc bien sûr que le loup n'était pas en retard, puisque le clocher du couvent n'avait pas encore parlé.

On causait, en attendant ; on causait loups-garous, bien entendu, et aussi fiançailles, car le bruit courait que Matheline du Coat-Dor, l'ancienne promise de Maria Ker, serait *bannie* (publiée), au prochain prône, avec le fort Pol Bihan, qui n'avait jamais trouvé de rival au champ de la lutte, et je vous laisse à penser si le rire de Matheline ruisselait en cascades perlées pendant qu'on la félicitait à l'occasion de sa noce.

Par le chemin qui grimpait à la tour, une ombre descendit lentement ; ce n'était pas encore le loup, mais bien une pauvre femme en deuil, dont la tête s'inclinait sur sa poitrine et qui tenait à la main un objet brillant autant qu'un miroir.

Cet objet renvoyait en gerbes les rayons de la lune.

— C'est Josserande Ker ! se dit-on tout autour du cirque, derrière les roches, dans les broussées et sous les cépées.

— C'est la veuve du gardien armé de la Porte-Magne !

— C'est la mère du loup Maria Ker !

— Elle vient voir aussi...

— Mais que tient-elle dans sa main ?

Vingt voix firent cette question.

Matheline, qui avait de bons yeux, et si beaux ! répartit :

— On dirait une hache... C'est moi qui suis contente d'être débarrassée de ces gens-là, le fils et la mère ! Avec eux, on ne pouvait jamais rire.

Il y eut pourtant deux ou trois bonnes âmes pour penser tout bas :

— Pauvre veuve ! quel chagrin elle doit avoir plein le cœur !

— Mais que veut-elle faire d'une hache ?

— C'est pour défendre son loup, répartit encore Matheline, qui tenait une fourche.

Pol Bihan portait un énorme bâton de houx qui ressemblait à une massue. Avais-je oublié de vous dire que tout le monde était armé, qui d'un fléau à battre, qui d'un râteau, qui d'une houe, il y avait jusqu'à des faux, emmanchées debout, car on n'était pas venu seulement pour voir, et il fallait faire la fin du loup-garou.

Le vent venait de vers la barre de la rivière d'Auray en face de Ruiz. Il apporta un son lointain de cloche qui était le carillon des matines chantées, et tout aussitôt un grand cri étouffé courut de groupe en groupe :

— Le loup ! le loup ! le loup !

Josserande entendit cela, car elle s'arrêta de descendre pour jeter autour d'elle un long regard ; n'ayant rien aperçu, elle releva ses yeux au ciel en joignant les mains sur le manche de sa hache.

Le loup, cependant, fumant par les naseaux et portant sous le front deux charbons allumés qui étaient ses prunelles, sauta par-dessus les pierres plates de l'enceinte et commença à courir circulairement.

— Tiens, tiens ! dit Pol Bihan, il ne boite plus !

— Et on dirait, ajouta Matheline, blessée par les rayons rouges des prunelles, qu'il n'est plus borgne !

Pol reprit, en brandissant sa massue :

— Mes amis, qu'attendons-nous pour l'attaquer?

— Va le premier, lui dit-on.

— C'est que, répliqua Pol en langue normande j'attrapai l'autre nuit une maligne fraîcheur au jarret qui me retient de courir comme je voudrais.

— J'irai donc en avant, moi ! s'écria Matheline en levant sa fourche ; on verra bien si je déteste comme il faut ce coquin-là !

Dame Josserande l'entendit et soupira :

— Fille que j'ai bénie au baptême, Dieu me préserve de te maudire à présent!

Cette Matheline des perles ne valait rien, c'est vrai, mais du moins n'avait-elle point froid aux yeux, car elle fit comme elle disait et marcha droit au loup, tandis que le Normand restait derrière et criait :

— Allez, allez, mes amis, n'ayez pas peur! ah! sans mon jarret, le loup en verrait de belles car je suis le plus fort et le plus brave!

Il y a, sous la ville de Pontorson, un ruisseau nommé le Couesnon qui sépare la Normandie de la Bretagne.

Quand le Tout-Puissant, qui avait créé le monde, arrangea son ouvrage et régla les domaines des nations, la première limite qu'il traça fut naturellement celle du pays d'Armor, qui est le cœur de la terre.

Il trouva beaucoup de gens rassemblés de ça et de là sur les bords du Couesnon, où était un serpent-dragon terrible à voir. A l'approche du souverain Maître de toutes choses, le serpent-dragon sortit de l'eau pour s'enfuir et prit à main droite.

— Serpent-dragon, lui demanda l'Eternel, pourquoi ne prends-tu pas à main gauche?

— Parce que, répondit le monstre, de ce côté-là, ce sont des hommes.

— Et de l'autre, serpent-dragon?

— De l'autre, ce sont des Normands.

Alors le roi du ciel et de la terre :

— Jusqu'à la fin des temps, ce ruisseau sera donc la frontière entre les hommes et les Normands.

Je dois avouer que la même histoire se raconte aussi en Normandie, avec cette différence que le serpent-dragon s'enfuit à main gauche dans la version normande, et que ce fut des Normands qu'il eut peur.

Toujours est-il que Matheline marcha au loup la première, suivie de tous ceux qui étaient là, et que Pol Bihan seul resta derrière. Le loup avait pris sa course comme font les garous, et manégeait, noir sur le blanc de la gelée, autour de la Bassine. Sa langue pendait, ses yeux flamboyaient, il galopait aussi vitement que cerf à la chasse.

Josserande voyant le danger qui le menaçait, lamenta et cria :

— Ne se trouvera-t-il pas parmi vous, ô Bretons! une bonne âme pour défendre le fils de la veuve, à l'heure où il expie durement son péché?

— Laissez-nous faire, ma marraine, répondit l'effrontée Matheline.

Et de loin, Pol Bihan ajouta :

— N'écoutez pas la vieille et allez !

Mais une autre voix s'éleva pour répondre à l'appel de dame Josserande et dit :

— Comme hier, nous voilà !

Au-devant de Matheline, et lui barrant le passage, deux guenilleux à besaces étaient debout, appuyés sur leurs bourdons.

Josserande les reconnut bien pour être les deux chercheurs de pain de la veille, qui l'avaient si charitablement aidée. L'un d'eux, qui avait la barbe et les cheveux blancs, prit la parole pour dire :

— Chrétiens, mes frères, de quoi vous mêlez-vous ? Dieu récompense et punit. Les garous ne sont pas des damnés, mais bien des éprouvés qui font leur purgatoire. Laissez Dieu mener sa justice, si vous ne voulez qu'il vous arrive grand malheur.

Et Josserande, s'étant agenouillée, dit :

— Ecoutez, écoutez le saint !

Mais par derrière, Pol Bihan s'écria :

— Depuis quand permet-on aux quémandeurs de croûtes de prêcher sermons ? ah ! si ce n'était de mon jarret malade !... Sus ! au loup !

— Au loup ! au loup ! répéta Matheline, qui voulut écarter le vieux mendiant d'un coup de fourche.

Mais la fourche se brisa comme verre dans sa main en touchant les haillons du pauvre, et en même temps vingt voix crièrent :

— Le loup ! où est passé le loup ?

On le vit bien, où le loup était passé. Une masse noire bondissait à travers la foule, et Pol Bihan poussa un horrible cri :

— Au secours, Matheline !

Vous avez ouï souvent le bruit que fait un chien en broyant un os. On entendit ce bruit-là mais plus fort, et comme s'ils eussent été beaucoup de chiens à broyer beaucoup d'os. Et une étrange voix comme serait celle d'un loup dont le hurlement parlerait, parla :

— C'est friand à manger pour un loup, la force d'un homme : Bihan, Normand, je mange ta force !

Et la masse noire bondit de nouveau à travers la foule épouvantée, laissant pendre une langue sanglante et jetant du feu par les yeux. La masse noire arriva près de Matheline, qui poussa un cri plus horrible encore que celui de Pol, et il y eut le bruit d'un autre festin atroce, et cette voix de bête fauve qui avait déjà parlé parla de nouveau, disant :

— C'est friand à manger pour un loup, les perles d'un sourire : Matheline, couleuvre qui mordait mon cœur, cherche ta beauté, je l'ai mangée !

XIII

Le chercheur de pain à la blanche barbe avait essayé de protéger Matheline contre le loup ; mais il avait beaucoup d'âge et ses jambes ne se mouvaient plus si vite que son cœur. Il ne put rien, sinon terrasser le loup, dont la fureur allait peut-être causer d'autres dommages.

Le loup s'en vint tomber aux pieds de Josserande, dont il lécha les genoux en se plaignant doucement. Et cependant la foule qui était venue là chercher un spectacle se trouvait aussi par trop bien servie. On avait maintenant de la lumière parce que les gens de l'abbaye venaient d'arriver avec des torches, en quête qu'ils étaient de leur saint abbé, Gildas le Sage, dont la cellule s'était trouvée vide à l'heure du salut.

Les torches éclairaient deux hideuses exécutions, accomplies par le loup qui avait dévoré la beauté de Matheline et la force de Pol, c'est-à-dire le visage de l'une et les bras de l'autre : Les femmes pleuraient à regarder cette énorme et repoussante blessure qui avait été le sourire de Matheline, les hommes cherchaient dans la plaie double et béante des bras de Pol ces muscles puissants, gloire du jeu et des luttes, et la colère s'amassait dans tous les cœurs. La légende dit que le tenancier du Coat-Dor, pauvre père vint s'agenouiller auprès de sa fille, et qu'il repêchait dans le sang les perles éparses, qui étaient maintenant rouges comme des graines de houx.

— Hélas ! dit-il, de ces choses mortes et

souillées, qui vivaient, qui brillaient, qu'on admirait, qu'on enviait, qu'on aimait, j'étais si fier et si heureux !

Hélas ! en effet, hélas ! fillette n'est pas cause de n'avoir sous son corsage qu'un léger petit cœur d'oiseau ! ne pensez-vous point que Matheline était bien cruellement punie?

— Au loup ! au loup ! au loup !

Ce cri sauta hors de toutes les poitrines, et tout le monde se rua, brandissant fourches, gourdins, sacs et maillets, vers le loup, toujours vautré, la gueule ouverte et la langue pendante aux pieds de dame Josserande. Alentour, les porteurs de torches de l'abbaye faisaient cercle, non point pour éclairer le loup ni dame Josserande, mais pour rendre honneur à la barbe blanche du quémandeur de pain, dans lequel chacun put reconnaître, en ce moment, sans qu'il eût du tout point changé de visage, et comme si une poignée d'écailles fût tombée soudain de chaque paire d'yeux, le grand abbé de Ruiz, Gildas le Sage en personne.

Le grand abbé leva deux doigts, et la foule armée s'arrêta dans son élan, comme si les pieds de ceux qui la composaient eussent été cloués à la terre. En cet état, il les bénit, et il dit :

— Chrétiens, le loup a eu tort de punir, parce que le châtiment appartient à Dieu seul ; c'est pourquoi le tort du loup ne doit point être châtié par vous. En qui réside le pouvoir de Dieu? Dans la sainte autorité des pères et des mères. Adonc : voici ma pénitente Josserande qui va juger le loup et le punir à bon droit, puisqu'elle est sa mère.

Quand Gildas le Sage se tut, vous auriez entendu la souris courir sur la lande. Chacun pensait en soi : — C'est donc bien vrai que le loup est Maria Ker! Mais personne ne parlait, et tous regardaient la hache de dame Josserande, qui mirait les rayons de la lune.

Josserande fit le signe de la croix, ah! pauvre mère! bien lentement, car le cœur lui manquait. On l'entendit qui murmurait : — Mon bien-aimé, mon bien-aimé que j'ai porté dans mes flancs et nourri de mon lait! Ah! le Seigneur Dieu peut-il vouloir que je subisse si dur martyre!

Personne ne répondit, pas même Gildas le Sage, qui adjurait tout bas le Tout-Puissant, lui rappelant le sacrifice d'Abraham. Josserande leva sa hache ; mais elle eut le malheur de regarder le loup, qui fixait sur elle des yeux pleins de larmes, et sa hache lui échappa de la main. *Ce fut le loup qui la ramassa*, et il dit : — Je pleure sur toi, ma mère.

— Allons! cria la foule, car ce qui restait de

Matheline poussait des gémissements. Allons ! allons !

Pendant que Josserande reprenait sa hache, le grand abbé eut le temps de dire :

— Ne vous plaignez, malheureux et malheureuse, car votre peine ici-bas change pour vous l'enfer en purgatoire.

Par trois fois, Josserande leva la hache qui par trois fois, retomba sans frapper ; mais enfin elle dit, râlant comme pour mourir :

— J'ai grande foi dans mon grand Dieu !

« Et tapa de franc jeu, dit la légende, car de la hure du loup fit deux moitiés. »

XIV

Un vent souffla qui éteignit les torches, et quelqu'un empêcha dame Josserande de tomber pâmée en la soutenant dans ses bras. A la lueur qui sortait du front de Gildas le Sage, les bonnes gens virent que ce quelqu'un était Maria Ker, non plus boiteux ni borgne, mais ayant deux jambes bien droites et deux beaux yeux.

Il y eut en même temps des voix dans les nuages qui chantèrent le *Te Deum.* Pourquoi? Parce que la terre et le ciel frémissaient d'émotion en face de ce suprême acte de foi *es-*

sorant du fond des angoisses d'un cœur de mère.

XV

Voilà ce qui se raconte aux veillées de Noël sur les rivages de la Petite-Mer, qu'on nomme en langue bretonne Ar Mor-bihan. Dans ces trois mots, vous retrouverez le nom celtique de la Bretagne, Armor et le nom francisé d'un département de Notre France moderne : Morbihan. Si vous demandez quelle morale les bonnes gens tirent de cette étrange histoire, je vous répondrai qu'elle en contient un plein panier.

Pol et Matheline, condamnés à tourner dans la Bassine des Païens jusqu'à la fin des temps, l'un sans bras, l'autre sans visage, offrent une sévère leçon à ces coquins de Normands, si fiers de leurs épaules, et à ces caillettes qui ont bonne humeur et mauvais cœur ; le cas de Maria Ker enseigne aux jeunes fermiers à ne point trop caresser le démon des richesses ; le coup de hache de Josserande montre le miraculeux pouvoir de la foi ; le rôle de Gildas le Sage prouve qu'il fait bon de consulter les saints...

Et encore ? Quand un récit a tant de moralités diverses, il en faut une qui les puisse relier toutes. Or voici le proverbe de Sainte-Anne d'Auray : « Ne vous baissez point pour ramasser les perles du sourire. » Après quoi ne me demandez plus rien.

Quant à l'authenticité de l'histoire, j'ai spécifié plus haut que les ruines de la tenance appartiennent au neveu du maire, ce qui est déjà une garantie. J'ajoute que le lieu s'appelle Mariaker et que les décombres tapissés de mousse n'ont pas d'autre nom que LA TOUR DU LOUP.

FIN

TABLE DES MATIÈRES

Préface.	1
I. — Croix ou pile	31
II. — Les frères bretons	66
III. — Le saut des vertus	100
IV. — Les États de Bretagne.	118
V. — L'entrevue	139
VI. — La dame d'Avaugour	160
VII. — Jean de Rieux.	193
VIII. — Un vrai breton	214
La tour du Loup	253

FIN DE LA TABLE

ŒUVRES DE PAUL FÉVAL

SOIGNEUSEMENT REVUES ET CORRIGÉES

JOLIS VOLUMES IN-12 A 3 FR.

- **Les Étapes d'une conversion** (1ʳᵉ série) *La Mort d'un père*. 17ᵉ édition.
- **Pierre Blot**, 2ᵉ récit de Jean (IIᵉ série des *Étapes*). 12ᵉ édition.
- **La Première Communion**, 3ᵉ récit de Jean (IIIᵉ série des *Étapes*). 8ᵉ édition.
- **Le Coup de grâce**, dernière étape. 8ᵉ édition.
- **Jésuites!** 18ᵉ édition.
- **Pas de Divorce!** 9ᵉ édition.
- **Les Merveilles du Mont-Saint-Michel**. 6ᵉ édition.
- **La Fée des grèves**. 10ᵉ édition.
- **L'Homme de fer** (suite de *la Fée des grèves*). 8ᵉ édition.
- **Contes de Bretagne**. 7ᵉ édition.
- **Chateaupauvre**, voyage au dernier pays breton. 9ᵉ édition.
- **Le Dernier Chevalier**. 5ᵉ édition.
- **Frère Tranquille** (anc. *la Duchesse de Nemours*) 7ᵉ édition.
- **La Fille du Juif errant**. 6ᵉ édition.
- **Le Château de Velours**. 5ᵉ édition.
- **La Louve**. 6ᵉ édition.
- **Valentine de Rohan** (suite de *la Louve*). 5ᵉ édition.
- **Le Loup blanc**. 4ᵉ édition.
- **Romans enfantins**. 4ᵉ édition.
- **Le Mendiant noir**. 5ᵉ édition.
- **Le Poisson d'or**. 3ᵉ édition.
- **Nell-cœur** (anc. *Jean Diable*) *Jean Pied-de-Fer*. 3ᵉ édition.
- **Le Régiment des géants**. 4ᵉ édition.
- **Chouans et Bleus**. 3ᵉ édition.
- **Les Fanfarons du roi**. 3ᵉ édition.
- **Le Chevalier Ténèbre**. 4ᵉ édition.
- **La Première Aventure de Corentin Quimper**. 3ᵉ édition.
- **Les Couteaux d'or**. 3ᵉ édition.
- **Les Errants de nuit**. 3ᵉ édition.
- **Fontaine aux perles**. 3ᵉ édition.
- **Corbeille d'histoires** (ouvrage inédit). 3ᵉ édition.
- **Les Parvenus**. 3ᵉ édition.
- **La Belle-Étoile**. 2ᵉ édition.
- **La Reine des épées**. 3ᵉ édition.
- **Les Compagnons du Silence**. 3ᵉ édition.
- **Le Prince Coriolani** (suite du précédent). 3ᵉ édition.
- **Une Histoire de revenants**. 3ᵉ édition.
- **Roger Bontemps**. 3ᵉ édition.
- **La Chasse au roi**. 2ᵉ édition.
- **La Cavalière** (suite de *la Chasse au roi*).
- **Le Capitaine Simon**. — **La Fille de l'émigré**. 1 volume.
- **Le Chevalier de Keramour** (anc. *la Bague de charme*).

VOLUMES IN-8° ILLUSTRÉS

- **La Fée des grèves**. 5 fr.
- **Les Contes de Bretagne**. 6 fr.
- **La Première Aventure de Corentin Quimper**. 6 fr.
- **Les Merveilles du Mont-Saint-Michel**. 8 fr.
- **Veillées de famille**. 8 fr.

VOLUMES IN-12, A 1 FR.

- **Le Joli Château**, drame fantastique en trois actes mêlés de chant, tiré des *Contes de Bretagne*, par MM. Van Dick et F. Heuvelmans.
- **Le Denier du Sacré-Cœur**, extrait de Pierre Blot (*Se vend au profit de l'Œuvre du Vœu national*).
— Le même, édition populaire et de propagande. 25 cent.

PETITES BROCHURES DE PROPAGANDE IN-32, A 10 CENT.

- **Cri d'appel.**
- **La France s'éveille.**
- **Le Glaive des désarmés**, notre union de prières.
- **Montmartre et le Sacré-Cœur.**
- **Notre-Dame de Sion.**
- **L'Outrage au Sacré-Cœur.**
- **Le Pèlerinage de Tours**, visite au sanctuaire de Saint-Martin.
- **Pierre Olivaint**, petite esquisse d'un grand portrait.
- **Vieux Mensonges.**

Paris. Imprimerie de Ch. Noblet, 13, rue Cujas. — 1883

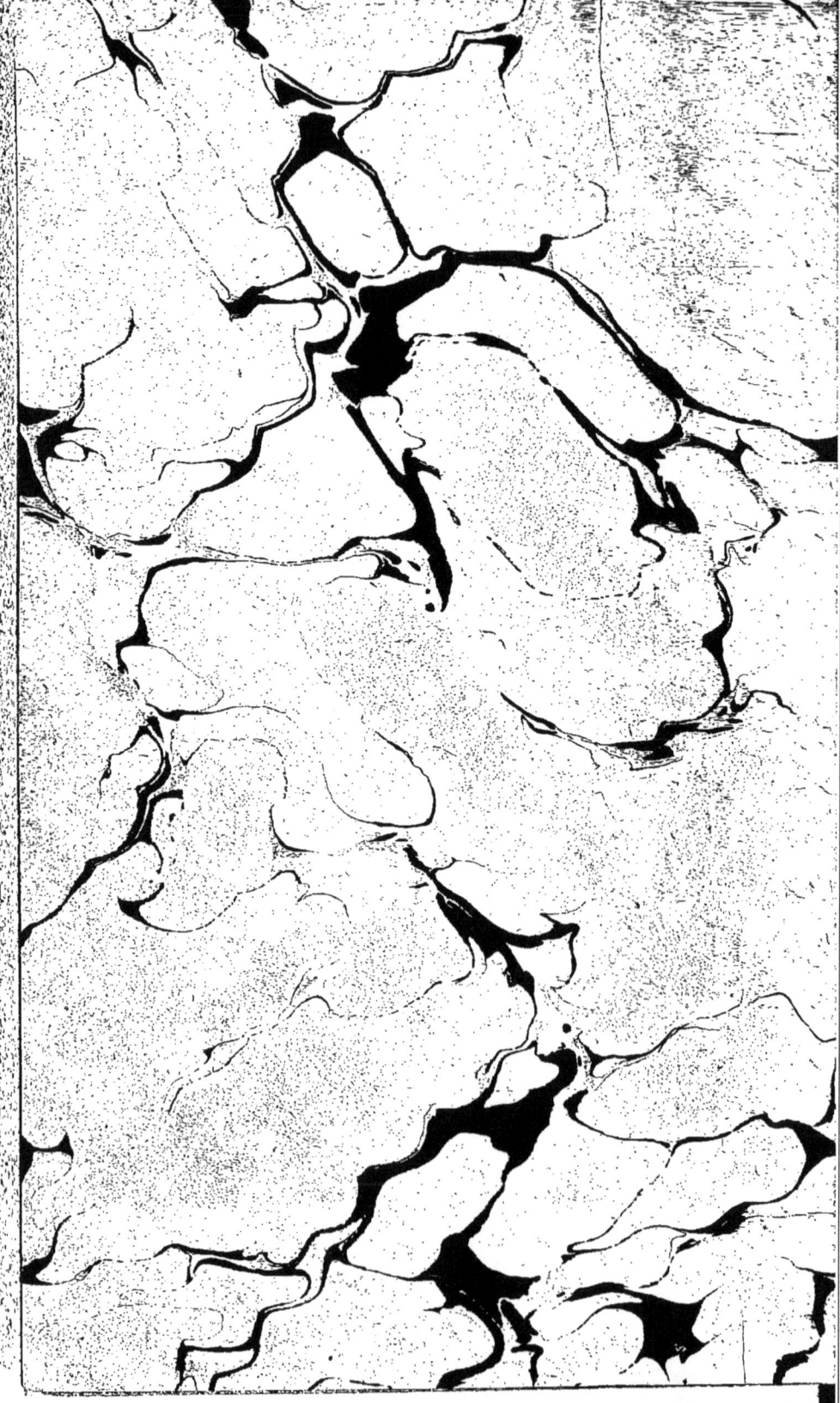

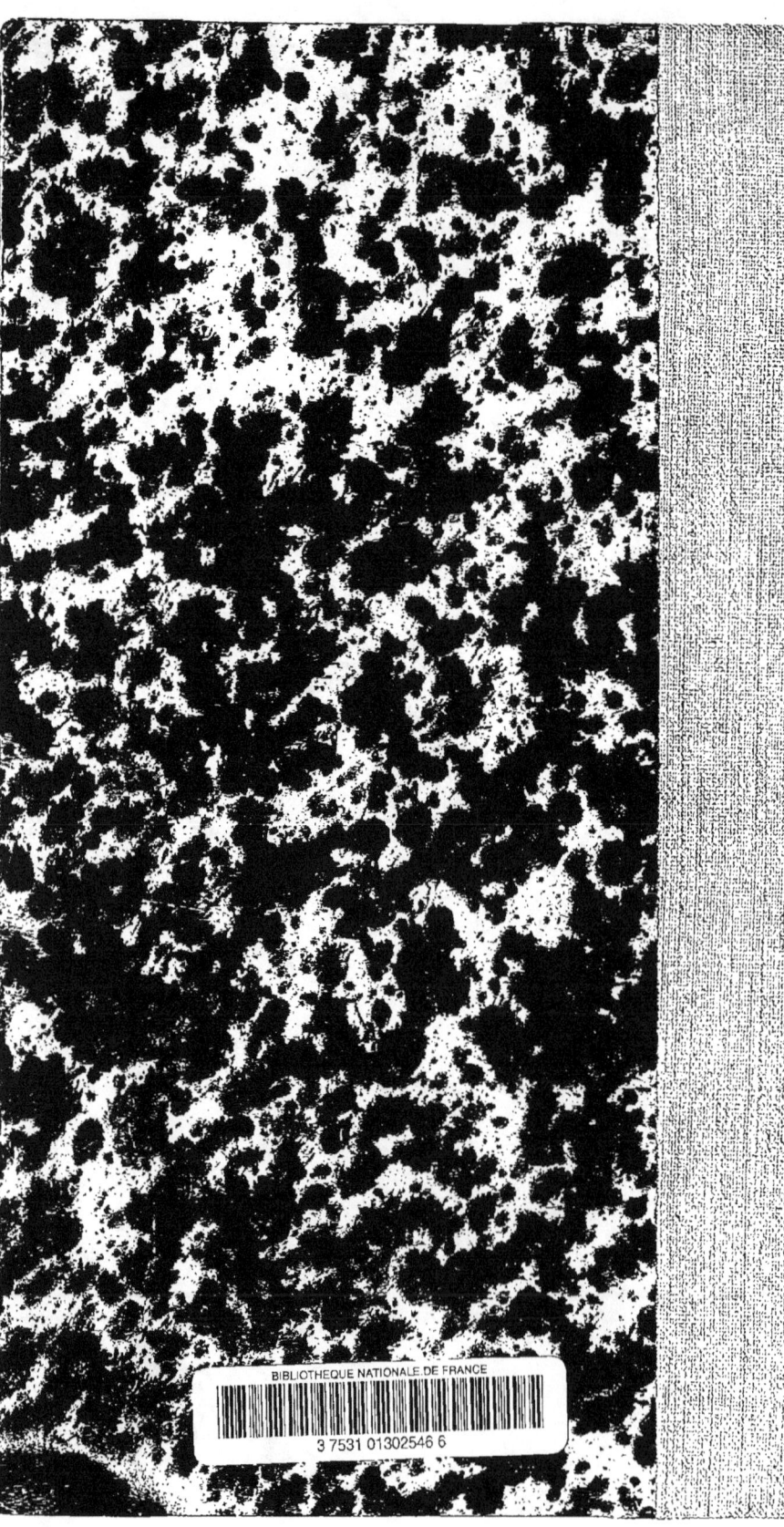

www.ingramcontent.com/pod-product-compliance
Lightning Source LLC
Chambersburg PA
CBHW050549170426
43201CB00011B/1623